Em que acreditam os muçulmanos?

Ziauddin Sardar

Em que acreditam os muçulmanos?

Tradução de
Marilene Tombini

CIVILIZAÇÃO BRASILEIRA

Rio de Janeiro
2010

Publicado originalmente em inglês por Granta Publications, sob o título *What do muslims believe?*

Copyright © Ziauddin Sardar, 2006

EDITOR DA SÉRIE
Tony Morris

PROJETO GRÁFICO DE MIOLO
Evelyn Grumach e João de Souza Leite

CAPA
Sérgio Campante

CIP-Brasil. Catalogação-na-fonte
Sindicato Nacional dos Editores de Livros, RJ

S248e
Sardar, Ziauddin
  Em que acreditam os muçulmanos? / Ziauddin Sardar; tradução Marilene Tombini. – Rio de Janeiro: Civilização Brasileira, 2010.
  (Em que acreditam?)

  Tradução de: What do muslims believe?
  Contém glossário e índice
  ISBN 978-85-200-0838-6

  1. Islamismo. I. Título. II. Série.

CDD: 297
10-4127   CDU: 28

Todos os direitos reservados. Proibida a reprodução, armazenamento ou transmissão de partes deste livro, através de quaisquer meios, sem prévia autorização por escrito.

Este livro foi revisado segundo o novo Acordo Ortográfico da Língua Portuguesa.

Direitos desta tradução adquiridos pela
EDITORA CIVILIZAÇÃO BRASILEIRA
Um selo da
EDITORA JOSÉ OLYMPIO LTDA.
Rua Argentina 171 – 20921-380 – Rio de Janeiro, RJ
Tel.: 2585-2000

Seja um leitor preferencial Record.
Cadastre-se e receba informações sobre nossos lançamentos e nossas promoções.

Atendimento e venda direta ao leitor:
mdireto@record.com.br ou (21) 2585-2002

Impresso no Brasil
2010

Ao meu falecido pai, Salahuddin Khan Sardar:
ele entendeu

Sumário

Mapas 9
Cronologia 13

1 O que caracteriza um muçulmano? 23
   Por que um muçulmano é muçulmano? 29
2 Quem são os muçulmanos? 31
3 Origem dos muçulmanos 39
   Quem era o profeta Maomé? 40
   Quem foram os principais discípulos de Maomé? 68
   Abu Bakr 70
   Omar 72
   Osman 76
   Ali 77
   Caridjitas 78
4 Em que acreditam os muçulmanos? 81
   Artigos da fé 83
   O que é o Alcorão? 89
   O que é a Suna? 94
   O que é a Shariah? 100
5 Variedades da crença muçulmana 107
   Xiitas 107
   Sufis 110
   Puritanos e reformistas 113

6 O que fazem os muçulmanos? *119*
 Oração *119*
 Jejum *121*
 Zakat *124*
 Hajj *125*
 Jihad *131*
 Halal e haram *133*
 O véu é mesmo necessário? *136*

7 Como se aplica o islamismo? *139*
 Conceitos essenciais do islamismo *141*
 Aplicação do islamismo na história *143*
 Os muçulmanos na história *157*
 Aplicação do islamismo na atualidade *163*
 A origem dos terroristas muçulmanos *170*

8 Para onde agora? *175*
 O islamismo no século XXI *181*

Glossário 185
Uma seleção do Alcorão 191
Uma seleção do Hadith 195
Leituras adicionais 201
Recursos na internet 202
Índice remissivo 207

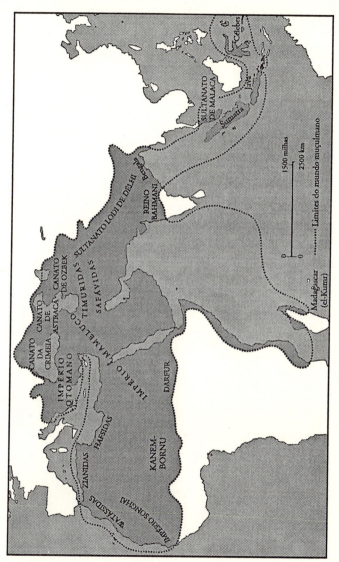

Mapa do mundo muçulmano em 1500 d.C

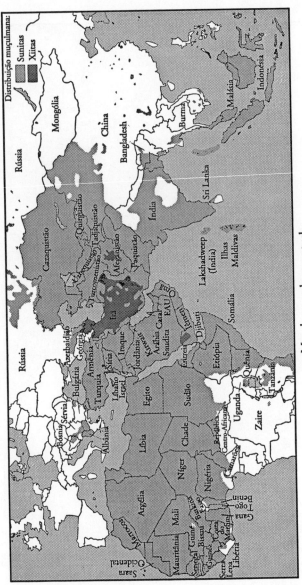

Mundo muçulmano atual

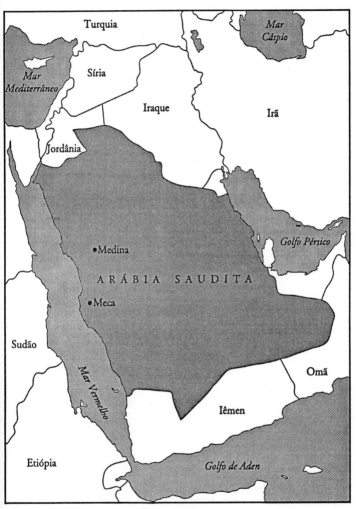
Arábia Saudita

Cronologia

632-649
Morte do profeta Maomé (632)
Abu Bakr torna-se o primeiro califa (632)
Omar torna-se o segundo califa (634)
Expansão para Síria, Iraque e Pérsia
Tomada de Jerusalém (638)
Introdução do calendário *hégira*
Conquista do Egito
Osman torna-se o terceiro califa (644)
Expansão para o Magrebe
Criação da Marinha árabe
Captura de Chipre

650-700
Compilação do Alcorão (650-652)
Derrota dos bizantinos
Ali torna-se o quarto califa (656)
Proclamação de Muawiya como califa a despeito de Ali (660)
Assassinato do califa Ali (661)
Início da dinastia omíada em Damasco

Muawiya I torna-se califa (661)
Numerais indianos aparecem na Síria
Introdução da numeração árabe
Yazid torna-se califa (679)
A Batalha de Karbala e o massacre de Hussain e seu destacamento (689)

701-750
Invasão da Espanha (711)
Expansão muçulmana para o vale do Indo
Travessia muçulmana para a França (718)
Batalha de Tours [ou Batalha de Poitiers] (732)
Final da dinastia omíada (749)

751-800
Introdução da indústria do papel no mundo árabe
Indústria editorial fundada como empreendimento sofisticado
Os grandes compiladores do *hadith* publicam suas obras: al-Bukhari, Muslim, Abu Dawood, al-Tirmidhi, ibn Maja e al-Nasai
Inicia-se a dinastia abássida
Al-Saffar torna-se califa
Omíadas espanhóis estabelecem-se em Córdoba (756)
Início da filosofia mutazilita (757)
Fundação de Bagdá (762)
Ibn Ishaq publica a famosa biografia do profeta Maomé
Morte de imã Hanifa

Invasão da Espanha por Carlos Magno; morte de Rolando (778)
Fundação da Grande Mesquita de Córdoba; Harum al-Rashid torna-se califa (786)
Os idríssidas estabelecem-se no Marrocos (788)
Jurisprudência islâmica (*fiqh*) é codificada em quatro "Escolas de Pensamento" implantadas

801-850
Ibn Hishan publica sua biografia do profeta Maomé
Filósofo al-Kindi definido como primeiro filósofo muçulmano
Primeiro hospital público fundado em Bagdá (809)
Jabir ibn Hayan estabelece a química como ciência experimental
Imã Shafi'i morre (820)
Conquista da Sicília (827)
Al-Khwarizmi publica *Álgebra*
Bait al-Hikmah (Casa da Sabedoria), biblioteca pública, é fundada em Bagdá (832)
As traduções das obras da Grécia, Babilônia, Síria, Pérsia, Índia e Egito atingem seu auge
A Escola de Filosofia Mutazilita (Racional) é fundada
Primeira aparição de *As mil e uma noites*

851-900
Al-Jahiz, o "olhos arregalados", publica *O livro dos animais*
O filósofo al-Farabi publica *O Estado perfeito*

Hunyan ibn Ishaq, renomado tradutor, publica traduções de filosofia grega e outras obras

Construção da mesquita de ibn Tulun no Cairo (878)

Os *Ulamás* instauram-se como principal força contra o Estado

O filósofo al-Razi declara que as funções do corpo humano se baseiam em complexas interações químicas

Os irmãos Musa publicam seu livro de instrumentos mecânicos

Al-Battani publica *Sobre a ciência das estrelas*

Al-Fargani publica *Elementos de astronomia*

901-950

Morte de Thabit ibn Qurrah, matemático e filósofo

Nascem o historiador al-Tabari e o poeta al-Mutanabbi (915)

Morre al-Hallaj (922)

Al-Razi publica primeiro livro sobre catapora e sarampo

Nasce o poeta Firdawsi (934)

Nasce o matemático Abu al-Wafa (940)

951-1000

Al-Haytham publica *Livro da óptica*, que contém a fórmula básica da reflexão e da refração

A dinastia fatímida instala-se no Egito (966)

A mesquita de al-Azhar é construída no Cairo (970)

Al-Baruni publica *Índia* e A Determinação das Coordenadas das Cidades

Nasce o poeta al-Maarri (973)

Instaura-se a dinastia gaznavida no Afeganistão e na Índia setentrional (977)

O filósofo e físico Avicena publica *Cânones de medicina*, texto padrão para os oitocentos anos seguintes, e muitas outras obras filosóficas

Publicação de *Fihirst al-Nadim*, o catálogo de livros da livraria de al-Nadim (987)

Universidade de Al-Azhar, a primeira do mundo, fundada no Cairo (988)

Os guridas sucedem os gaznavidas no Afeganistão e na Índia setentrional

O humanista al-Masudi apresenta o fundamento da geografia humana

1001-1100

Nasce o estadista e educador Nizam al-Mulk

O poeta Omar Khayyam soluciona as equações de três graus

O teólogo e pensador al-Ghazzali publica *O renascimento do conhecimento religioso no islã* e *A incoerência dos filósofos*

"Os Irmãos da Pureza" e outros enciclopedistas publicam várias enciclopédias, inclusive partes separadas periódicas

Os muçulmanos viajam a lugares remotos, como o Vietnã, onde estabelecem comunidades

1101-1200

Al-Idrisi da Sicília publica o primeiro mapa-múndi detalhado

O filósofo e psicólogo ibn Bajja publica *Ilm al-Nafs* e institui a psicologia como disciplina independente

O filósofo e romancista ibn Tufail publica *A vida de Hayy*

Averroés publica *A incoerência da incoerência* e outras obras filosóficas

Saladino toma Jerusalém (1187) e une o mundo muçulmano, tendo o Egito como centro

Al-Hariri publica sua obra-prima linguística, *As assembleias*

Yaqut al-Hamawi publica o *Dicionário geográfico*

Nasce o poeta Nizami

1201-1300

Fakhr al-Din al-Razi publica sua grande *Enciclopédia da ciência*

O poeta místico Jalal-al-Din Rumi publica *O Mathnavi*

O biógrafo Abu Khallikan institui a filosofia da história como disciplina independente

Farid al-Din Attar publica *A conferência dos pássaros*

Os nasridas se estabelecem em Granada (1230)

Os mongóis saqueiam Bagdá (1258); as 36 bibliotecas públicas da cidade são incendiadas

Encerra-se o califado abássida (1258)

O império otomano é fundado (1281)

A ascensão dos mamelucos no Egito

Ibn Nafis descreve detalhadamente a circulação do sangue

Nasir al-Din al-Tusi completa sua obra *Dissertação sobre a ciência da astronomia* (1261) no observatório de Maragha, registrando uma estrutura compreensível do Universo; elabora o "paralelo de Tusi", possibilitando cálculos matemáticos que estabelecem a visão heliocêntrica do mundo
A ciência e a erudição islâmicas são traduzidas para os idiomas europeus

1301-1400
Ibn Khaldun institui a sociologia e publica *Uma introdução à história*
Ibn Battuta publica *Viagens*
Ibn Taymiyyah publica suas ideias políticas
O islã se estabelece na Indonésia e no arquipélago Malaio
Mali, Goa e Tombuctu tornam-se importantes centros muçulmanos
O poeta Hafiz, mestre do gazal, publica sua poesia

1401-1500
Morte de Jami, o último grande poeta sufi
A ciência e a erudição árabes começam a ser incorporadas na Europa

1501-1600
A dinastia mongol se estabelece na Índia (1526)
Eclipse de Tombuctu como "Grande Cidade da Erudição" (1591)
O arquiteto otomano Sinan constrói a Mesquita Suleiman em Istambul

1601-1700
Encerra-se a construção do Taj Mahal em Agra, Índia (1654)
Humanismo islâmico adotado na Europa

1701-1800
Colonização da Índia pelos britânicos
Shah Waliullah instaura a resistência contra os britânicos na Índia
Usman Dan Fodio estabelece o califado de Socoto na Nigéria setentrional
Muhammad bin Abdul Wahhab instaura o movimento wahhabi na Arábia, Síria e Iraque
Sayyid Muhammad bin Ali al-Sanusi instaura o movimento sanusi no norte da África

1801-1900
"Motim indiano" (1857)
Jamal al-Din al-Afghani, Muhammad Abduh e Rashid Rida instauram o movimento pan-islâmico
Sir Syed Ahmed Khan funda a Universidade Muçulmana de Aligarh, Índia (1875)

1901-2005
Kemal Atatürk acaba com o califado
Ascensão do nacionalismo no mundo muçulmano
O poeta e filósofo Muhammad Iqbal publica *Complaint and Answer* [Queixa e resposta]

O Paquistão é criado como primeiro "Estado islâmico" (1947)

A Organização da Conferência Islâmica (OCI) é fundada (1969)

Surgimento da Opep (1972)

"Revolução Islâmica" no Irã (1979)

Versos satânicos e o caso Rushdie (1989)

Fim da Guerra Fria, queda do Muro de Berlim e surgimento de novos Estados islâmicos na Ásia Central: Cazaquistão, Quirguistão, Tadjiquistão, Uzbequistão e Turcomenistão (1990)

Guerra do Golfo (1991)

Ataques terroristas nos Estados Unidos (11 de setembro de 2001)

Guerra do Afeganistão e queda do Talibã (novembro de 2001)

Guerra do Iraque (2002)

Ataques terroristas em Londres (2005)

1

O que caracteriza um muçulmano?

"O que significa ser muçulmano?" Essa questão comum e óbvia tem uma resposta ao mesmo tempo simples e complexa. Deixe-me começar pela explicação simples.

Muçulmano é alguém que declara: "Não há nenhuma divindade além de Deus; e Maomé é o profeta de Alá." Essa afirmação, conhecida como *Shahadah*, que literalmente significa "testemunho", é o suficiente para ser muçulmano. Qualquer um pode se tornar muçulmano ou declarar sê-lo, simplesmente pronunciando essa frase. Além da declaração, porém, existe a luta para viver de acordo com o espírito e o significado dessas palavras.

A primeira parte da Shahadah — "Não há divindade além de Deus" — declara a singularidade de Deus. O muçulmano acredita em um Deus onipotente, onipresente e misericordioso. Como princípio básico, os muçulmanos não percebem Deus em termos humanos. Na verdade, afirmam ser impossível para a mente humana compreender um Deus infinito que é responsável por buracos negros e flocos de neve, pelo amor incondicional de uma mãe e pela devastação de um desastre natural. Certamente, Deus não possui gênero, mas por convenção os muçulmanos se referem a Deus como Ele (sempre com letra maiúscula!). Ele é tanto transcendente como imanente. Criou o Universo, o mantém e o sustenta. O único modo de a mente humana entendê-Lo é por meio de Seus atributos. Ele é descrito como Amoroso, Generoso e Benevolente. É o Primeiro (estava lá antes do *Big Bang*) e o Último (estará lá após o fim do Universo). Ele pede-nos para amá-Lo e esforçarmo-nos para compreender Sua vontade.

A segunda parte da Shahadah nos leva de Deus ao homem: "Maomé é o Mensageiro de Deus." Como podemos chegar a um entendimento razoável de um Criador infinito todo-poderoso a quem chamamos de Deus? Para os muçulmanos, o único modo possível é Ele comunicar esse conhecimento por qualquer meio que julgue adequado. E, ao longo da história, Deus providenciou essa orientação por intermédio de vários indivíduos que escolheu como mensageiros. Os profetas foram enviados a todas as nações e comunidades, começando por Adão. Cada profeta comunicou a mesma mensagem: "Não há divindade além de Deus." O profeta Maomé comunicou essa mensagem em sua forma definitiva e, portanto, é considerado o "selo dos Profetas". O muçulmano acredita que Maomé nos proporciona o exemplo ideal de comportamento humano e relacionamentos.

Aceitar Maomé como o Profeta de Deus é aceitar que a revelação por ele recebida veio de Deus. Essa revelação é o Alcorão. O muçulmano acredita que o Alcorão é a palavra de Deus, completa e literal. Qualquer um que pronuncie a Shahadah impõe-se o dever de seguir a orientação do Alcorão. Os princípios e injunções deste oferecem as normas que formam o comportamento muçulmano e estabelecem os padrões pelos quais são julgados o sucesso e o fracasso.

A Shahadah é a essência da fé muçulmana, conhecida como islamismo.* A palavra "islã" tem sentido duplo de "paz" e "submissão ou rendição". Um muçulmano é alguém que se "submete" voluntariamente à orientação do Deus Único, Onisciente, Misericordioso e Beneficente e busca a paz através dessa submissão.

---

*Islamismo significa "caminho ou via do islã", que por sua vez significa submissão ou rendição. Portanto, islamismo é o caminho da rendição que deve ser seguido pelo muçulmano. (*N. da T.*)

No entanto essa submissão não é um ato de fé cega. O islamismo não pede a seus seguidores que aceitem tudo sem questionar. Todos os fatores, inclusive a existência de Deus, estão abertos à interrogação crítica. Essa religião se apresenta como uma fé racionalmente satisfatória, que se torna genuína somente após os fiéis terem ponderado e refletido sobre os "sinais de Deus" manifestados nas leis da natureza, no universo material e na experiência pessoal do Divino.

Assim como a submissão não pode ser cega, a paz não pode ser alcançada sem justiça. No islã, paz e justiça caminham de mãos dadas. A submissão não é um exercício passivo: requer que todos os muçulmanos lutem por justiça — na sociedade, na política, no plano global e em suas vidas cotidianas. Portanto, o islã e o ativismo político e social são íntimos companheiros.

Há dois aspectos da Shahadah que influenciam diretamente o modo como os muçulmanos se relacionam uns com os outros e com os não muçulmanos.

Primeiramente, a Shahadah incorpora um ideal muito forte de igualdade humana. Somos todos iguais perante Deus. Ninguém, não importa credo, cor, classe, sexo ou princípios, é superior ou inferior ao outro. Esse padrão de igualdade, eu diria, também se estende à noção de verdade. Maomé foi um mensageiro, mas houve inúmeros antes dele. Cada comunidade tem alguma concepção da verdade reconhecida e apreciada pelo islã: a verdade não é a mesma para todos. Além disso, o próprio islã não possui o monopólio da verdade — somente a formulação final da verdade, que os muçulmanos, com todas as limitações e fragilidades humanas, se esforçam para compreender e para ter como direcionamento em suas vidas. Nossa compreensão da verdade é sempre parcial, nunca completa. Todas as comunidades, inclusive as incrédulas, equiparam-se em sua compreensão limitada da verdade.

Em segundo lugar, a Shahadah promove uma visão positiva da vida. Deus é o Sábio, o Belo e o Sutil, e espera que moldemos o mundo à Sua imagem. O islamismo afirma que homens e mulheres são naturalmente inclinados para fazer o bem, ou seja, promover igualdade e justiça, ser imparciais e generosos nas atividades cotidianas, ser bons e gentis com a flora e a fauna, além de proteger e conservar o habitat e o meio ambiente. Os muçulmanos acreditam que todos nascem puros e inocentes, com uma beleza inata e capacidade de progredir e adquirir conhecimento.

Mas, poderíamos questionar, será que a tendência do ser humano não é ser cruel? Será que não somos programados para sermos injustos, para desafiar a ética e a moral? Não seríamos, como os cristãos diriam, seres "caídos" que necessitam de "salvação" antes de poderem fazer o bem?

A resposta do islã a essa questão é direta: não. Possuímos livre-arbítrio. Ao mesmo tempo que temos uma tendência natural para o bem, somos livres e capazes de sermos cruéis e injustos. Mas quando o fazemos, estamos agindo contra nossa disposição natural. São nossas escolhas que definirão as ações como morais ou imorais. Se não tivermos escolha, ou seja, se formos forçados, sem liberdade, a seguir uma única direção, nossas ações não serão morais nem imorais. A escolha, resultante do livre-arbítrio, confirma a responsabilidade moral.

O islamismo prega que seremos responsáveis, perante Deus, por nossas escolhas nesse mundo, e rejeita totalmente a ideia de "pecado original". O que quer que Adão tenha feito no Éden, foi ele quem fez. Arrependeu-se de sua má ação pessoal, e Deus perdoou-o. As ações dele não lançam uma sombra sobre o restante da humanidade. Diferentemente da tradição cristã, os muçulmanos não acreditam que somos seres "caídos" e, portanto, não creem que temos necessidade de sermos "salvos". Não somos impotentes; temos a liberdade de escolher entre o bem e o mal. Nossa salvação — nesse mundo e na vida após a morte — está em praticar boas obras e promover tudo que seja nobre, justo e digno de louvor.

Por que um muçulmano é muçulmano?

É provável que a Shahadah seja a frase mais repetida, qualquer que seja o idioma. Na concepção de vida que engendra está a resposta para a segunda pergunta mais frequente: "Por que você é muçulmano?" Em termos gerais, podemos fazer a mesma pergunta dessa forma: "Por que um muçulmano é muçulmano?" Eu, e acredito que a maioria dos muçulmanos, sou crente porque me inclino a ver o mundo como um lugar bom e positivo. Temos também um forte senso de igualdade e justiça, o que é ainda mais enfatizado por nossa religião. Desejamos que igualdade e justiça prevaleçam na terra de Deus.

Talvez seja por isso que o islamismo descreva a si mesmo como uma "fé primordial", a inclinação natural de homens e mulheres que nascem num estado original bom e puro. Na verdade, a natureza desempenha importante papel no porquê da crença islâmica: os muçulmanos não só acreditam que devemos conviver com a natureza, em vez de tentar dominá-la e subjugá-la, mas também que as leis desta não violam as leis da religião. De modo geral, não tentam justificar suas crenças em termos de milagres.

O próprio Maomé se afastou desse caminho, negando que pudesse fazer qualquer milagre. E o Alcorão não convida à crença cega, mas ao exame da evidência que apresenta. No islamismo, a verdade religiosa é uma questão de discussão e debate, um simpósio em que todos têm o direito de contribuir, de convencer e de ser convencido. Prefiro pensar que os muçulmanos são muçulmanos porque gostam de discutir.

Por isso o islamismo ortodoxo nunca teve uma igreja ou sínodo que ditasse o que os outros podem ou não fazer. Chega-se à verdade religiosa através do próprio esforço racional e empenho. O que ocorre depois, o modo como cada um vive sua fé, é, sem dúvida, repleto de todos os tipos de problemas.

Este, portanto, é um simples esboço do que significa ser muçulmano. Agora encaremos um pouco de complexidade!

2

Quem são os muçulmanos?

A fé, como muitos outros elementos nesse mundo, é sujeita à interpretação. Os crentes podem ter *somente* uma relação interpretativa com os textos sagrados. É claro que minha explicação da Shahadah é pessoal, sendo que alguns legitimamente argumentariam que se trata de uma visão idealizada. Portanto, não é de surpreender que haja muitas leituras diferentes, até mesmo contraditórias, sobre o que significa ser muçulmano. De fato, a variedade de muçulmanos e de verdades no islã pode ser bem atordoante.

Apreciemos a diversidade dos muçulmanos olhando para quem são e para onde vivem. Geograficamente, o islã ocupava o que é conhecido por "cinturão global central": do litoral do Senegal e do Marrocos até o oceano Pacífico e as ilhas da Indonésia. E, de norte a sul, vai da costa do Mediterrâneo turco até a Somália.

Existem cinquenta e sete Estados majoritariamente muçulmanos, mas há também diversas minorias em outros Estados — a Índia tem quase tantos muçulmanos quanto o Paquistão e Bangladesh juntos, e há tantos muçulmanos na China quanto no Egito. Não podemos esquecer também de sua presença marcante na União Europeia (cerca de 20 milhões de seguidores).

Estima-se que a população muçulmana mundial seja de 1,5 bilhão: isso significa que uma entre quatro pessoas do planeta é muçulmana. Falam centenas de idiomas diferentes e são oriundas de etnias tão diversas quanto árabe e turca, hauçá e afegã, chinesa e malaia, inglesa e bósnia. Cada comunidade étnica traz consigo seus costumes históricos e práticas culturais, que em geral são vistos como parte de sua "identidade islâmica". Assim, na Arábia Saudita o islamismo é definido de um modo bem estrito e legal, incorporando uma série de práticas tribais, como a noção de inabalável lealdade ao clã. Na Indonésia, onde os muçulmanos foram profundamente influenciados pelo hinduísmo e pelo budismo, o islamismo é descrito como "tolerante e liberal". Alguns muçulmanos da Somália insistem que o antigo costume da circuncisão feminina faz parte de sua fé, mesmo que a prática não tenha injunção islâmica e seja totalmente rejeitada pela maioria dos fiéis. As mesquitas da China se parecem mais com pagodes do que com mesquitas.

Abaixo do verniz étnico, situa-se um grande número de denominações religiosas. Os muçulmanos reconhecem duas divisões principais: sunita e xiita. O termo "sunita" deriva de *sunnah*, ou "caminho", por isso se veem como "o povo do caminho". Constituem a maioria muçulmana e descrevem-se como "ortodoxos". Creem que os quatro primeiros califas sucessores do profeta Maomé foram os legítimos e "probos". Segundo a convenção, os sunitas pertencem a uma das quatro "Escolas de Pensamento", que oferecem diferentes interpretações da lei e da jurisprudência islâmica.

A maior parte dos xiitas concentra-se no Irã e Iraque. O termo "xiita" significa "seguidores". São seguidores de Ali, primo e genro do profeta Maomé. Como veremos adiante, a teologia xiita é um tanto diferente da sunita. Aqui, seria suficiente dizer que, estritamente falando, os sunitas rejeitam a ideia de um clérigo. Os xiitas, por outro lado, têm um clero altamente organizado. Há equivalentes a bispos e até ao papa — o grande aiatolá. A comunidade xiita tem uma série de divisões, a maioria da vertente dos "Doze Imãs". Uma minoria é ismaelita, e possui uma interpretação mais esotérica do pensamento xiita.

Tanto sunitas quanto xiitas podem ser sufis, ou místicos. O misticismo tem raízes profundas na história islâmica e os sufis constituem uma importante divisão dentro do islã. Eles acreditam que Deus está em todas as coisas e que todas as coisas estão Nele. Além disso, todas as coisas, visíveis e invisíveis, Dele emanam e Dele não se distinguem. Dividem-se em inúmeras seitas, ou *tariqas*, que vão dos Dervixes Giradores da Turquia aos seguidores do famoso místico andaluz ibn Arabi. Muitos dos novos convertidos ao islamismo, especialmente na Europa e nos EUA, sentem-se atraídos mais pelo sufismo do que pelo islamismo ortodoxo.

Como se essa diversidade não fosse complexa o bastante, precisamos acrescentar uma série de outras camadas. Há vários séculos o islamismo tem estado tumultuado. Em torno do século XVI, a civilização muçulmana, que fora dominante, global, começou a decair. A busca pelo pensamento e erudição foi substituída pela imitação — dali em diante as opiniões dos eruditos clássicos tinham de ser imitadas — e pelo obscurantismo. Então, muitas sociedades muçulmanas foram colonizadas por potências imperiais europeias. Durante o período colonial emergiu uma série de movimentos reformistas, cada um tendo por objetivo galvanizar essas sociedades e revitalizar o islamismo, acrescentando sua perspectiva e características à fé.

Só no subcontinente indiano houve três desses movimentos. O Tablighi Jamaat, surgido na década de 1920, é um movimento evangélico que acredita na limitação do islamismo a rituais e em seu distanciamento da política. O movimento Deoband, formado por um grupo dissidente dos muçulmanos sunitas, surgiu na universidade islâmica próxima de Délhi, de qual toma o nome. É abertamente político. Seus membros lutaram contra o domínio britânico e agora lutam, com igual zelo, contra o "imperialismo ocidental". Os deobandis têm como opositores os barelvis, que surgiram quase na mesma época, na cidade indiana de Bareilly. Os barelvis transformaram a veneração pelo profeta Maomé numa arte superior — para grande desprazer dos deobandis, que evitam todos os tipos de interpretação esotérica.

Talvez o mais conhecido dos movimentos reformistas seja o salafismo, que surgiu no Oriente Médio no início do século XX. Começou como um projeto modernista cujo objetivo era acomodar o islamismo às ideias do materialismo secular. Apesar de sua ampla influência, o fracasso em introduzir qualquer mudança substancial nas sociedades muçulmanas transformou-o em um movimento literalista agressivo, presente principalmente no Oriente Médio.

Os seguidores desses e de outros movimentos reformistas têm uma suposição própria do islã, assim como os membros de "movimentos islâmicos" mais recentes e explicitamente políticos, que adquiriram um âmbito global após a independência de muitos Estados muçulmanos na década de 1950. Tais movimentos, como a Irmandade Muçulmana do Egito e do Sudão, o Jamaat-e-Islami do Paquistão e os revolucionários islâmicos do Irã, fundem religião e Estado. Seu objetivo é criar um "Estado islâmico", baseado no direito islâmico como a lei da terra.

Isso demonstra que há tantas interpretações do islã quanto comunidades muçulmanas distintas. Um muçulmano pode ser sunita ao mesmo tempo que seguidor de uma escola específica de pensamento, partidário de um movimento político como a Irmandade Muçulmana, e praticante dos costumes de seu país de origem, como a Somália, digamos. Ou pode ser um muçulmano que, segundo a maioria dos ortodoxos, não é nada muçulmano. A seita Qadyanis [ou qadianies], surgida na Índia durante o Raj [domínio], foi declarada "não muçulmana" no Paquistão, pois alega-se que não creem ter sido Maomé o último profeta. Mas, sem dúvida, os qadianies descrevem-se como muçulmanos e praticam todos os rituais necessários.

Essa vasta diversidade e complexidade intratável existe dentro de uma estrutura de unidade abrangente. A maioria dos muçulmanos compartilha crenças comuns e práticas rituais instauradas nos primórdios do islã.

Então, comecemos pelo começo.

3

Origem dos muçulmanos

O islamismo não afirma ser uma nova religião. Apresenta-se como uma continuação da tradição religiosa instaurada por Abraão que, na verdade, remonta a Adão. Esse não teria sido apenas o primeiro homem, mas também o primeiro profeta, portanto, os seguidores dos primeiros profetas — judeus, cristãos e outros — eram todos, do ponto de vista do islamismo, verdadeiros crentes em Deus.

A religião islâmica inicia-se em Meca, na Arábia Saudita, durante a primeira década do século VII. Foi ensinado por Maomé, filho de Abdala, da tribo dos coraixitas, que pertencia ao clã de Hashim. Aos quarenta anos, Maomé começou a receber revelações divinas por meio do arcanjo Gabriel. As revelações pediam-lhe que anunciasse ser o Profeta de Deus e que pregasse Sua mensagem, e foram registradas, originando o Alcorão, o texto sagrado dos muçulmanos.

Aqueles que aceitaram a profecia de Maomé e se tornaram seus seguidores ficaram conhecidos como muçulmanos. O significado literal da palavra "muçulmano" é "aquele que se rende a Deus".

A vida do profeta Maomé é conhecida como *Seerah* e tem um papel central na formação do comportamento, do pensamento e da visão dos muçulmanos. Para se ter uma ideia do que faz os muçulmanos pulsarem, precisamos conhecer os elementos básicos da vida de Maomé.

Quem era o profeta Maomé?

Diferentemente de outros líderes religiosos, como Jesus e Buda, há muitas informações sobre a vida de Maomé. Ele viveu sob a plena luz da história. As atividades cotidianas, interações com os outros e conversas foram registradas durante sua vida, e extensas bibliografias foram publicadas logo após sua morte. Portanto, temos uma rica reserva de fontes que nos possibilitam apreciar e compreender quem ele era e como viveu.

A literatura Seerah é uma instituição original do islamismo. É ao mesmo tempo história e biografia, além de fonte de orientação e de leis. Convencionalmente, a Seerah é escrita de forma padronizada, cronológica. Tende a concentrar-se mais nas batalhas e expedições do Profeta do que em sua personalidade. Seguirei a cronologia, mas apresentarei minha própria interpretação da Seerah, enfocando a personalidade do Profeta.

Maomé nasceu em 29 de agosto de 570, na cidade de Meca. Na época do seu nascimento, Meca era uma cidade-Estado independente dominada pela poderosa tribo dos coraixitas, que eram largamente pagãos e politeístas. Localizada num vale inóspito, Meca já era uma terra de peregrinação, famosa por seu templo que abrigava a Caaba [ou *Ka'bah*], um prédio em forma de cubo que continha uma pedra negra, supostamente um meteorito. O pai de Maomé, Abdala, morreu após seu nascimento, e sua mãe, Amina, morreu quando ele tinha apenas seis anos. Seu avô, Abdul Muttalib, o chefe coraixita, tornou-se seu guardião, mas também morreu, três anos depois. Assim, Maomé passou a juventude com a família do tio, Abu Talib.

Na adolescência, Maomé apreciava muito a solidão. Passava um bom tempo no deserto e cavernas próximas a Meca, pensando e refletindo. Preocupava-se com a situação moral do povo na Arábia: a idolatria, a falta de leis, a perpétua guerra tribal e fratricida e, em especial, a prática do infanticídio feminino, eram motivos intermináveis de agonia. Na juventude, era muito respeitado, fazendo jus ao nome — Muhammad, "o louvável". Ele acompanhava seu tio em viagens de negócios, tendo visitado as regiões onde hoje se localizam a Síria e o Iraque. Os coraixitas ficaram tão impressionados com sua honestidade e integridade que lhe deram o título de "al-Amin", o honesto.

Aos 25 anos Maomé foi abordado por uma rica viúva coraixita, Khadija, que lhe pediu que fosse à Síria em seu favor, a fim de fechar um negócio. Ele concordou e concluiu as negociações com sua usual honestidade escrupulosa. Khadija apaixonou-se pelo jovem e fez-lhe outra proposta: Casaria-se com ela? Ela era quinze anos mais velha que ele. Maomé concordou. O casamento deu-lhe uma amiga e companheira muito necessária. Era um casal dedicado, bastante apaixonado. Khadija era seu refúgio de um mundo exterior tomado pela contenda e proporcionava-lhe conforto quando ele retornava de suas reflexões solitárias. Tiveram quatro filhas e dois filhos, mas os meninos morreram na infância.

Certo dia, Khadija deu a Maomé um presente incomum. Comprara um jovem escravo, Zaid, filho de Haritha. Ele fora capturado numa batalha tribal fora de Meca e trazido para a cidade. Khadija achou que Zaid seria um bom filho para o marido, e então ele conviveu com Maomé por algum tempo. Quando Haritha, pai de Zaid, soube que seu filho capturado estava com o Profeta, foi a Meca e ofereceu uma grande soma por sua devolução. Maomé convocou Zaid e disse a Haritha: "Se ele preferir ir com você, está livre para tanto." Depois voltou-se para Zaid e disse: "Se ele preferir ficar comigo, estará livre para ficar comigo." Zaid declarou que ficaria com Maomé, que o tratara como se fosse seu filho único. Então este tomou Zaid pela mão e levou-o à Caaba. Lá, publicamente o adotou como filho e herdeiro. Zaid passou a ser conhecido como "o filho de Maomé".

Àquela altura, o Profeta aproximava-se dos 40 anos. Estava cada vez mais perturbado com os conflitos e as ilegalidades, a indulgência, a crueldade e a degradação moral que percebia à sua volta. Começou a fazer retiros regulares na caverna do monte Hira, alguns quilômetros afastada de Meca. Costumava ir sozinho, mas às vezes Khadija e Zaid o acompanhavam. Lá, passava toda a noite imóvel, pensando e refletindo, em profunda meditação.

Primeira revelação

Foi na caverna de Hira, no ano de 610, que Maomé recebeu a primeira revelação. Estava só, cansado, quase adormecido, em estado de meditação. Uma luz vívida brilhou em seus olhos e ele escutou uma voz:

— Maomé.
Ele começou a suar.
— Quem é?
— Lê! — disse a voz.
— Não sou daqueles que leem.
Alguém o segurou, abraçou-o fervorosamente e depois o soltou.
— Lê!
— Não sou daqueles que leem.
Ele foi novamente agarrado e sentiu como se o fôlego fosse lhe faltar.
— Lê!
Foi abraçado pela terceira vez.
— Lê!
— O que devo ler?
— Lê! Em nome do teu Senhor que criou: Ele criou o homem de algo pegajoso.
— Lê! Teu Senhor é o Mais Generoso que ensinou através do cálamo, que ensinou ao homem o que este não sabia.

(Alcorão 96:1-5)

Trêmulo de medo, Maomé desceu a montanha e correu todo o caminho até Meca, indo direto a Khadija.

"Agasalhe-me, agasalhe-me", ele implorava. Khadija agasalhou-o com uma peça de roupa até que o medo passasse. Ele contou a ela o que acontecera e mostrou sua preocupação de estar se tornando um adivinho ou ficando louco. Ela o escutou com atenção e então disse: "Deus proíbe. Certamente, Ele não deixará que isso ocorra. Pois sempre falas a verdade. És fiel em confiança. Prestas auxílio aos aflitos. Gastas em boas obras o que ganhas nos negócios. És hospitaleiro e ajudas os teus semelhantes." Ela parou para pensar. "Regozije-se, ó querido marido", disse ela, "Ele, em cujas mãos encontra-se a vida de Khadija, é testemunha da verdade desse fato, de que tu serás o profeta desse povo". Khadija foi ver seu primo, Waraca, um erudito que traduzira as Escrituras judaica e cristã para o árabe. Após Khadija ter relatado a experiência de Maomé a Waraca, este bradou: "Santo! Santo! Santo! Esse é o Espírito Santo que veio a Moisés. Ele será o profeta desse povo. Diga-lhe isso e peça-lhe que seja corajoso."

Pouco tempo depois, os caminhos do cego Waraca e de Maomé se cruzaram nas ruas de Meca, e o velho lhe disse: "Juro por Ele, em cujas mãos encontra-se a vida de Waraca. Deus o escolheu como Seu profeta. Eles o chamarão de mentiroso, o perseguirão, o banirão, lutarão contra ti. Se eu pudesse viver até então, eu o ajudaria a triunfar sobre seus inimigos!" Então ele beijou a testa de Maomé.

Após a primeira revelação, afirmam biógrafos e comentaristas, Maomé sofreu muito com a angústia mental. Contudo, continuou seus retiros na caverna de Hira, onde, envolto em meditação e melancolia, recebeu a segunda revelação: "Tu, enrolado em teu manto, ergue-te e dê o aviso! Proclame a grandeza do teu Senhor; purifica-te; fica afastado de toda imundície; não te sintas sobrecarregado e fraco; fica inabalável pela causa do teu Senhor." (74:1-7)

Maomé aceitou então seu papel de profeta. Começou a pedir ao povo de Meca que abandonasse a idolatria, desistisse de cultuar os deuses pagãos e que aceitasse um Deus onipotente como criador. Khadija foi a primeira a seguir seus ensinamentos.

O Profeta em Meca

No início o Profeta foi muito cauteloso. Só convidou para a prática do islamismo pessoas próximas a ele. A segunda pessoa a se converter, após Khadija, foi seu primo, Ali, filho de Abu Talib. Ele tinha apenas dez anos na época da conversão.

A Ali seguiu-se Zaid, o filho adotado do Profeta. Depois vieram Abu Bakr, um membro altamente respeitado dos coraixitas, renomado por sua integridade. Logo após, um grupo coraixita de 15 membros abraçou o islã. Nesse grupo estava Osman Bin Affan, mercador rico e respeitado que, como Abu Bakr e Ali, estava destinado a desempenhar um papel fundamental nos anos seguintes.

Após três anos de luta silenciosa, mas constante, o Profeta obtivera apenas trinta seguidores. Alguns deles eram pessoas de posição e riqueza, ao passo que outros eram cidadãos simples, pobres. A pequena comunidade de muçulmanos praticava sua fé em segredo. Então, o Profeta decidira comunicar sua mensagem mais abertamente. Começou a se dirigir a multidões de mecanos, pedindo-lhes que se abstivessem do culto a pedras e estátuas, convidando-os a cultuar o Deus único, mas suas tentativas não renderam frutos. Voltou-se, dessa forma, aos estrangeiros que chegavam a Meca a negócios ou em peregrinação, porém não teve sucesso.

Os coraixitas não estavam nada contentes com as atividades do Profeta. Para começar, duvidavam de sua sanidade. Declararam que estava louco ou possuído por um espírito malévolo, mas isso não abalou Maomé. Então começaram a divulgar avisos. Se o Profeta não parasse de atacar seus deuses, seriam obrigados a recorrer à ação física. Finalmente, a pregação do islã evocou um acesso furioso de perseguição contra Maomé e seus seguidores, que eram seguidos aonde quer que fossem e atingidos por todo tipo de sujeira. Eram espalhados espinhos nos locais onde os muçulmanos ofereciam suas orações. Antes de entrarem em Meca, os estrangeiros eram prevenidos a evitar Maomé. Exigiram que se Abu Talib não conseguisse dissuadir seu sobrinho de suas atividades, deveria "entregar o filho do irmão, que ele adotara, para ser condenado à morte". Abu Talib ficou do lado do sobrinho.

Quando o sofrimento de seus discípulos se tornou intolerável, o Profeta aconselhou alguns deles a buscarem refúgio na Abissínia. O rei desse Estado, o negus,* era conhecido por sua tolerância e hospitalidade. Um pequeno grupo de muçulmanos fugiu para lá, mas os coraixitas continuaram a persegui-los. Ao chegar à Abissínia, o emissário coraixita pediu ao negus que entregasse os refugiados, declarando

---

*Negus era o título usado por um rei no antigo Estado monárquico etíope, a Abissínia. (*N. da T.*)

que eram acusados de abandonar a antiga religião e por isso deviam morrer. O negus perguntou aos exilados se a acusação era verdadeira. O porta-voz dos refugiados era Jafaar, filho de Abu Talib e irmão de Ali. Sua resposta ao negus é considerada um marco memorável na história do islã.

A DEFESA DE JAFAAR

"Ó majestade", começou Jafaar, "estávamos mergulhados na profundeza da ignorância e do barbarismo, adorávamos ídolos, vivíamos sem moral, comíamos cadáveres e falávamos abominações, desconsiderávamos todos os sentimentos de humanidade e os deveres da hospitalidade e vizinhança, só conhecíamos a lei da força. Então, Deus fez surgir entre nós um homem de cujo nascimento, veracidade, honestidade e pureza tínhamos conhecimento. Ele nos chamou para a Unidade de Deus e nos ensinou a nada associar a Ele. Proibiu-nos de cultuar ídolos, ordenou que falássemos a verdade, que fôssemos fiéis às nossas responsabilidades, piedosos, e considerássemos o direito do próximo. Proibiu-nos de falar mal das mulheres ou de privar os órfãos de seus direitos. Ele nos ordenou que fugíssemos do vício e nos abstivéssemos do mal, que fizéssemos orações, caridade, e observássemos o jejum".

"Acreditamos nele; aceitamos seus ensinamentos e suas injunções de cultuar Deus e de nada associar a Ele. Por essa razão nosso povo se insurgiu contra nós, nos perseguiu para que nos antepuséssemos ao culto de Deus e retornássemos ao culto dos ídolos de madeira e de pedra, além de outras abominações. Eles nos torturaram e feriram até não estarmos mais a salvo e termos vindo para o seu país."

De volta a Meca, os coraixitas mudaram de tática. Ofereceram ao Profeta riquezas, qualquer coisa que desejasse, contanto que desistisse de atacar suas divindades e de disseminar sua mensagem. A resposta do Profeta foi direta: "Se eles colocassem o Sol na minha mão direita e a Lua na esquerda, para que eu renunciasse ao meu dever, eu não desistiria até ter Deus tornado sua causa manifesta, ou morreria na tentativa." A recusa do Profeta deixou os coraixitas ainda mais irados.

Mas também ele mudou de tática. Perante a crescente hostilidade em Meca, decidiu levar sua mensagem à cidade mais próxima, Taif. Seus habitantes mostraram-se ainda mais obstinados: apedrejaram-no e expulsaram-no da cidade. Ferido e sangrando, Maomé retornou a Meca e descobriu que os coraixitas estavam tramando matá-lo.

Outras más notícias saudaram o Profeta. Abu Talib, seu amado tio, deu seu último suspiro aos 80 anos. Morreu sem ter se convertido ao islamismo. Três dias depois, sua amada esposa e melhor amiga,

Khadija, também morreu. Ela estava com 65 anos. Nesses dias mais tristes de sua vida, atingido por um duplo pesar e ameaçado pelos coraixitas, o Profeta teve sua mais profunda experiência espiritual.

A viagem noturna

Teria sido uma viagem física ou uma experiência mística? Os comentaristas muçulmanos dividem-se sobre a questão de Isra e Miraj — a "Viagem Noturna" e a "Ascensão" do Profeta. Alguns a veem em termos mais literais, ao passo que outros a entendem como uma viagem puramente mística, mas todos concordam que foi um evento fundamental na vida do Profeta. Eu diria que, como a maioria das experiências espirituais, é mais bem entendida em termos metafóricos.

Maomé estava na região que mais tarde ficou conhecida como a Mesquita Sagrada de Meca, perto da Caaba. "Enquanto eu dormia, Gabriel veio até mim. Levou-me para fora dos portões da mesquita e lá estava uma besta branca, entre uma mula e um burro, com asas que lhe faziam mover as pernas; e cada uma de suas passadas chegava tão longe quanto seus olhos conseguiam enxergar. Montei em seu lombo e num piscar de olhos ela me levou da

Mesquita Sagrada até a Mesquita de Jerusalém. Apeei. Um homem apareceu na minha frente, oferecendo-me um copo de leite e um copo de vinho. Bebi o leite e recusei o vinho."

Em Jerusalém, Maomé foi saudado por um grupo de profetas — Abraão, Moisés, Jesus e outros. Então iniciou-se a Ascensão: levado pelo Arcanjo, o Profeta ascendeu para além dos confins do espaço terrestre e das formas corpóreas, até os sete céus. Tudo que o Profeta via agora era percebido com seu "olho interior", seu coração e sua alma. No cume dessa Ascensão encontrava-se a "Árvore Lote do Extremo Limite", que está enraizada no Trono e marca o alcance máximo de todo o conhecedor, profeta ou arcanjo. E Maomé viu o que os olhos não conseguem ver: "Seu olhar nunca hesitou, nem foi muito audacioso, mas ele viu alguns dos grandes signos do seu Senhor." (53:17-18)

Logo após sua Viagem Noturna e Ascensão, o Profeta foi abordado por um grupo de 12 homens da cidade de Yatrib. Localizada a aproximadamente 300 quilômetros ao norte de Meca, Yatrib considerava-se uma cidade rival. O grupo, com dez membros da tribo judaica de Khazraj, veio fazer uma promessa. No monte de Aqaba, ao norte de Meca, fizeram o seguinte juramento: "Nada associaremos a Deus.

Não roubaremos ou cometeremos adultério, nem mataremos nossas crianças, nem difamaremos ou denegriremos o próximo. Obedeceremos ao Profeta em tudo que for razoável; e a ele seremos fiéis no sucesso ou no fracasso." O grupo voltou para Yatrib.

Retornaram a Meca no ano seguinte. Dessa vez havia 73 homens e duas mulheres — tendo alguns se convertido ao islamismo. Vieram todos com uma única mensagem: "Fala, ó Profeta! O que desejas de nós, para si mesmo e para o teu Senhor?" O Profeta muito necessitava de tal assistência. Seus adversários tornaram-se tão poderosos e irados que sua vida corria perigo constante. Foi assim que decidiu abandonar Meca e se mudar para Yatrib. O grupo retornou a Yatrib enquanto o Profeta organizava sua viagem para lá.

A migração

Em 16 de julho de 622, com 52 anos, o Profeta começou a hégira — sua migração de Meca para Yatrib. Acompanhado por Abu Bakr, viajou durante três dias, com os coraixitas em seu encalço, e chegou à cidade recebendo estrondosas boas-vindas. Àquela altura, a maior parte da cidade já se convertera ao islamismo. Homens, mulheres e crianças dançavam alegres pelas ruas. A cidade trocou de nome para Medina-tun Nabi — a Cidade do Profeta. Os habitantes de Medina receberam a nobre designação de *Ansar* — os auxiliares — e os muçulmanos de Meca passaram a ser conhecidos como *Muhajarum* — os emigrantes. Criou-se um novo laço entre os Muhajarum e os Ansar. Todos se tornaram irmãos e irmãs, prontos para auxiliar e apoiar uns aos outros.

Em Medina, o Profeta tomou duas providências imediatas. Primeiramente, construiu uma pequena mesquita, assim como casas para os emigrantes de Meca. No entanto, já não era apenas um Profeta, mas também o legislador, eleito por unanimidade, de uma cidade próspera. Medina era, de fato, uma cidade pluralista — além dos emigrantes e exilados, possuía uma comunidade judaica bem estabelecida, assim como pagãos e outros crentes. Em segundo lugar, expediu um decreto definindo os direitos e responsabilidades dos cidadãos.

O decreto começava com: "Em nome de Deus, o Beneficente, o Misericordioso, este decreto é entregue por Maomé, o Apóstolo de Deus, a todos os fiéis, sejam coraixitas ou originais de Medina, e a todos os indivíduos de quaisquer origens que a eles se uniram numa causa comum, que devem todos constituir uma comunidade."

EM QUE ACREDITAM OS MUÇULMANOS?

Continuou, declarando: "O estado de paz e a guerra deve ser comum a todos os muçulmanos; nenhum entre eles deve ter o direito de selar a paz ou de declarar guerra contra os inimigos de seus companheiros de religião. Os judeus que se unirem à nossa comunidade devem ficar protegidos de todos os insultos e afrontas; devem ter os mesmos direitos que o nosso povo, à nossa assistência e a bons serviços. Os judeus das várias vertentes, como todos os outros domiciliados em Medina, devem formar com os muçulmanos uma comunidade: devem praticar sua religião tão livremente quanto os muçulmanos. Os aliados dos judeus devem desfrutar da mesma segurança e liberdade. O culpado deve ser perseguido e punido. Os judeus devem unir-se aos muçulmanos na defesa de Medina contra todos os inimigos. O interior de Medina será local sagrado para todos que quiserem aceitar este decreto."

Medina viveu relativamente em paz por cerca de dois anos. Esse período foi usado pelo Profeta para instaurar as obrigações religiosas formais da comunidade muçulmana. A direção das orações, conhecida como Qibla, foi fixada para Meca. Após intensas discussões com a comunidade, Maomé decidiu que a voz humana, em vez de sinos, deveria ser usada para chamar os fiéis à oração. A primeira pessoa a fazer o *azan* — a chamada para a oração — foi um jovem escravo negro, Bilal, que sofrera torturas indizíveis nas mãos dos coraixitas. O Profeta tinha o hábito de jejuar três dias por mês. Após a revelação, o jejum do mês do Ramadã foi instituído. Maomé também estabeleceu a obrigação do *zakat* — a doação de uma proporção da riqueza de cada um em forma de esmolas para os pobres e necessitados.

Quase no final do segundo ano da hégira, que marca o início do calendário muçulmano, Maomé recebeu notícias perturbadoras. Uma caravana mequeana de excepcional importância, com mais de mil camelos carregados de mercadorias e armamentos, retornava da Síria. Temendo ser atacado pelos muçulmanos, o líder da caravana, Abu Safyan, pediu aos mecanos a proteção de um exército. Os coraixitas não perderam tempo para enfileirar uma grande e bem equipada força. Sua intenção, porém, não era apenas proteger a caravana; pretendiam marchar contra Medina.

O Profeta percebeu que não tinha muita escolha além de enfrentar o exército de Meca. Preferiu não travar a batalha em Medina, mas em suas proximidades, no poço de Badr, o que deu aos muçulmanos uma vantagem estratégica: o acesso à água. De um lado estavam 313 muçulmanos mal equipados, com setenta camelos e três cavalos. Encararam um poderoso exército coraixita de 950 homens, setecentos camelos e cem cavalos. A batalha foi rápida, com duração inferior a metade de um dia, e a vitória dos muçulmanos, decisiva. Cerca de setenta mecanos, inclusive uma série de líderes, foram mortos; setenta e cinco foram levados prisioneiros. O Profeta decretou que os prisioneiros deviam ser tratados com o máximo respeito e dignidade.

No ano seguinte, de 625, os mecanos retornaram para vingar a derrota de Badr. Dessa vez vinham com a força de três mil homens. Maomé só conseguiu reunir uma tropa de 700 homens, com apenas um cavalo para ser compartilhado entre eles. A batalha realizou-se no monte Uhad, a cerca de cinco quilômetros de Medina. Mais uma vez, o Profeta garantiu uma vantagem estratégica: posicionou 50 arqueiros no topo da montanha. Os muçulmanos repeliram a infantaria mequeana. Acreditando ter vencido, os arqueiros abandonaram suas posições. Os mecanos reagruparam-se e atacaram por trás. Na consequente batalha, o Profeta ficou ferido. Cerca de 70 muçulmanos foram mortos, mas a batalha não teve um resultado decisivo e, ao anoitecer, os mecanos retiraram-se.

Contudo, os coraixitas não estavam dispostos a desistir. Retornaram dois anos depois, dessa vez com um exército de dez mil homens, a maior força jamais vista na Arábia. Aconselhado por um dos seus, o Profeta cavou uma larga trincheira ao redor de toda a Medina. Os mecanos fizeram várias tentativas de cruzar a trincheira, mas não obtiveram sucesso. Desacostumados a longos cercos, sofrendo a falta de comida e água, o exército mecano começou a perder fôlego. Então, após dois meses de cerco, houve uma grande tempestade. Os mecanos decidiram reduzir as perdas e voltaram para casa. A suposta "batalha da vala" na verdade não chegou a ocorrer.

O Acordo de Hudaybiya

Ao final do cerco, Maomé decidiu peregrinar até Meca. Liderou um grupo de 1.600 homens. Estavam em sua maioria desarmados e usavam roupas de peregrino, duas peças sem costura. Maomé enviou também um emissário a Meca para informar aos cidadãos de sua intenção pacífica e buscar permissão para entrar na cidade por ocasião do *hajj*, a peregrinação a Meca.

A princípio, os mecanos queriam lutar e forçar os muçulmanos a voltar, mas acabaram preferindo negociar e assinar um pacto.

O acordo foi redigido em Hudaybiya, um povoado 15 quilômetros a oeste de Meca. Segundo fontes muçulmanas, houve o seguinte diálogo entre o Profeta e Suhayl ibn Amr, que negociava a favor dos mecanos.

— Ali — disse o Profeta —, escreva: "Em nome de Alá, o Misericordioso, o Piedoso."

— Não posso aceitar essa fraseologia — protestou Suhayl.

O usual "Em seu nome, Allahumma" precisou ser usado.

O Profeta concordou e continuou:

— Foi acordado pelo abaixo-assinado, Maomé, o Mensageiro de Deus...

— Se eu reconhecesse que és o Profeta de Alá, então não estaria em guerra contigo — interrompeu Suhayl.

Dessa vez os muçulmanos protestaram raivosos, e espadas foram desembainhadas, sendo que Ali se recusou a riscar o que fora escrito. O Profeta tomou a pena e riscou as palavras "Mensageiro de Alá".

— Bem, então — disse ele — escreva: entre Maomé ibn Abdala e Suhayl ibn Amr. As hostilidades cessarão por um período de dez anos. Qualquer um que fuja de Meca e se refugie com Maomé deve ser devolvido aos coraixitas. Maomé e seus seguidores regressarão e não tentarão entrar em Meca contra a vontade dos coraixitas. No próximo ano os coraixitas cessarão todas as oposições à visita dos muçulmanos aos lugares santos durante três dias, desde que estes carreguem apenas as armas permitidas aos peregrinos: espadas embainhadas.

Quando seus companheiros ouviram essas cláusulas, que colocavam os muçulmanos em séria desvantagem, se aborreceram.

— Profeta — disseram eles —, assinarias tal tratado?

— Certamente — respondeu o Profeta.

Antes que Maomé conseguisse assinar o tratado, um jovem irrompeu das tropas mequeanas. Era Abu Jandal, filho de Suhayl ibn Amr, que se convertera ao islamismo e fora torturado e aprisionado. Ele correu até os muçulmanos, arrastando pelo tornozelo os elos da corrente arrebentada.

Ao ver seu filho, Suhayl açoitou-o. Em seguida, agarrando-o pela roupa, arrastou-o até o Profeta.

— Ó Maomé — disse ele —, eis aqui o primeiro fugitivo. Eu lhe peço que o entregue a mim.

Os muçulmanos foram forçados a ficar parados enquanto Abu Jandal era arrastado.

— Devo eu ser devolvido aos politeístas que me perseguem pela minha religião? Vejam o que me fizeram — gritou Abu Jandal.

Os muçulmanos retornaram a Medina. Não tinham realizado o hajj. E pelo tratado que assinaram, não puderam ajudar Abu Jandal e outros como ele. Muitos acharam que aquela fora uma séria desvantagem, mas os coraixitas declararam que o acordo de Hudaybiya foi uma grande vitória. "Verdadeiramente abrimos um caminho para o vosso nítido triunfo." (48:1) O acordo estabeleceu o princípio de que transigir às vezes, mesmo que de modo desconfortável, é necessário para assegurar a paz, que a intransigência não leva a negociações viáveis. E o que parece ser uma desvantagem pode ser transformado, por meios pacíficos, em um triunfo.

Retorno a Meca

O tratado durou apenas dois anos. Os coraixitas violaram seus termos e, quando lembrados pelo Profeta de suas obrigações, declararam-no anulado. Então, em 11 de janeiro de 630, Maomé liderou um exército de dez mil homens a Meca. Os mecanos desmoralizados, não ofereceram resistência. Antes de entrar na cidade triunfante, o Profeta proibiu seus soldados de lutar. O povo que o perseguira com um ódio implacável, torturara e matara seus seguidores, realizara guerras contra ele e buscara sua destruição por todos os meios possíveis, estava agora à sua mercê.

Quando os mecanos se reuniram diante dele, o Profeta perguntou:

— O que dizem agora? E o que pensam agora?

— Dizemos bem e pensamos bem — responderam.

O Profeta ordenou uma anistia geral dizendo:

— Hoje vocês não ouvirão nenhuma censura. Que Deus possa perdoá-los: Ele que é o mais Misericordioso dos misericordiosos. (12:91)

Os coraixitas foram tratados com uma bondade e generosidade sem paralelo na história. Nenhuma casa foi roubada, nenhum homem ou mulher molestados. Houve apenas verdade e reconciliação.

Os coraixitas queriam que Maomé se instalasse em Meca, mas ele preferiu retornar a Medina, que agora se tornara a capital de uma nação muçulmana em expansão. A vida ficou agitada à medida que uma tribo após outra ia jurar fidelidade ao Profeta. Eram sempre recebidas com consideração e tratadas com hospitalidade. Um tratado por escrito, que garantia os privilégios das tribos, sempre era concedido aos representantes. Por exemplo, o Profeta concedeu um decreto aos cristãos que viviam dentro dos limites do domínio muçulmano. Assim dizia:

Aos cristãos de Najran e territórios vizinhos: a segurança de Deus e a garantia de Seu Profeta se estendem às suas vidas, religiões e propriedades, aos presentes, assim como aos ausentes e outros mais. Não haverá interferência com (a prática de) sua fé ou suas observâncias, nem quaisquer mudanças em seus direitos e privilégios. Nenhum bispo será removido de sua igreja, nem monge de seu mosteiro, nem sacerdotes de seu sacerdócio. E continuarão a desfrutar tudo que é grande e pequeno como antes. Nenhuma imagem ou cruz será destruída. Não oprimirão nem serão oprimidos. Nenhum dízimo lhes será arrecadado nem serão requisitados a fornecer provisões para as tropas.

O Profeta também enviou emissários e missionários a outras comunidades. Cada um deles recebia o mesmo conselho: "Seja gentil com as pessoas e não seja severo, anime-os e não os condene. Encontrarás muitas Pessoas do Livro (judeus e cristãos) que lhe perguntarão: 'Qual é a chave que nos leva ao céu?', ao que responderás: 'A chave que nos leva ao céu é testemunhar segundo a verdade de Deus e realizar boas obras.'"

Em menos de dez anos após a hégira, o Profeta unira a maior parte da Arábia. Já passava dos 60 anos e começava a sentir o peso da idade. Em março de

632 realizou sua última peregrinação a Meca, e do alto do monte Arafat dirigiu-se aos muçulmanos pela última vez.

DO "DISCURSO DE DESPEDIDA" DO PROFETA

Ó povo, ouça minhas palavras, pois não estarei com vocês mais um ano. Suas vidas e propriedades são sagradas e invioláveis entre vós. Lembrem-se de que um dia estarão diante de Deus, que deverá cobrar de vós um relato de todas as vossas ações. Não erreis e não devais sofrer por vossos erros. Tende direitos sobre vossas esposas e vossas esposas têm direitos sobre vós, então tratai-as com bondade. Sabei que todos os muçulmanos são irmãos e sois uma irmandade. Sois todos iguais e desfrutais dos mesmos direitos e tendes obrigações semelhantes. Nada que pertença a outro é lícito ao seu irmão, a menos que lhe seja dado livremente por boa vontade. Precavei-vos de cometer injustiças. Não tiranizeis vosso povo; e não usurpeis seus direitos. Que os presentes contem aos que estão ausentes. Talvez aqueles que ouçam depois consigam lembrar melhor do que aqueles que ouvem agora.

Na segunda-feira, 8 de junho de 632, enquanto orava em sussurros, o Profeta morreu. Suas últimas palavras foram: "Ó Alá, com os Piedosos nas Alturas."

A vida de Maomé, conhecida como Seerah, é fundamental para as crenças, ideias e ações dos muçulmanos. Apresentei as principais características da Seerah enquanto me concentrei na personalidade do Profeta. Há, entretanto, alguns aspectos da Seerah que podem ser vistos como "problemáticos".

Alguns escritores ocidentais acusam Maomé de ser inclinado à violência. Mas essa acusação, perpetuada através da história de tal forma que se tornou um estereótipo ocidental padronizado, é um mito. Até certo ponto, o modo como a Seerah foi escrita pelos muçulmanos, com exagerada ênfase nas batalhas do Profeta, também realçou o mito. De fato, durante os 63 anos de sua vida, o Profeta passou menos de dois meses lutando. As principais batalhas de sua vida, de Badr e Uhad, duraram menos de um dia. O outro embate com os coraixitas, a batalha das trincheiras, não ocorreu efetivamente. A conquista de Meca foi, em grande parte, um evento pacífico. Na verdade, as evidências claras são as de que o Profeta abominava a violência e se desviava do próprio caminho para evitá-la. Contudo, quando se tornou uma questão de sobrevivência, ele foi forçado a ir à luta.

A outra acusação refere-se às esposas do Profeta. Ele se casou onze vezes, fato que é visto como uma clara evidência de sua "luxúria". No entanto, antes de tirarmos conclusões precipitadas, é necessário considerar alguns pontos. O Profeta viveu numa época em que a poligamia era a norma. É por essa razão que a maioria dos profetas bíblicos tinha múltiplas esposas. Além disso, havia outro incentivo à poligamia: na Arábia o casamento era a rota normal para conciliar duas tribos em guerra, para forjar alianças e para unir uma terra consumida pela rivalidade e contenda. Essa era a intenção da maioria dos casamentos do Profeta: eram alianças políticas.

A primeira mulher de Maomé, como vimos, era a duplamente viúva Khadija, quinze anos mais velha que ele. Enquanto Khadija era viva, o Profeta permaneceu monogâmico. Khadija foi também a única mulher a dar-lhe filhos. Após sua morte, o Profeta se casou com Sawdah, viúva de um de seus companheiros. Depois houve o casamento com Aisha, que é visto como o mais litigioso. Aisha, filha de seu melhor amigo, Abu Bakr, tinha apenas seis anos. O casamento não foi consumado, e eles viveram separados até ela atingir a maioridade, muitos anos após a hégira. Além disso, Aisha, uma das mulheres mais articuladas e liberais dos primórdios da história islâmica, ficou mais que feliz com a união.

Praticamente todas as outras mulheres do Profeta eram viúvas. A única exceção foi Azynab, que se divorciou do escravo liberto do Profeta, Zaid, para se casar com ele. Isso não era raro naquele tempo; homens e mulheres divorciavam-se livremente para casarem-se com outros. Ela tinha 40 anos, e ele, 60; e havia uma forte atração pessoal entre os dois.

O que a Seerah, inclusive os casamentos, sugere é que o Profeta era bastante humano. Às vezes, os muçulmanos esquecem que Maomé era um homem e tentam deificá-lo. Mas são suas virtudes humanas que devem ser enfocadas.

Os sucessores imediatos do Profeta também mostravam essas qualidades humanistas. Os quatro primeiros — Abu Bakr, Omar, Osman e Ali — vieram a ser conhecidos como os califas probos. Suas biografias moldaram a fase de formação da história muçulmana e tornaram-se sítio de disputas, especialmente entre sunitas e xiitas. Os muçulmanos têm essas personalidades em alto apreço e a Seerah costuma ser relatada juntamente com as vidas dos califas probos. Como tal, essas biografias constituem parte importante da visão islâmica do mundo.

Quem foram os principais discípulos de Maomé?

Quando a morte do Profeta foi anunciada, em 632, uma multidão se reuniu em volta de sua casa. "Como pode estar morto nosso Profeta?", exclamavam. "Não, ele não está morto", disse Omar. "Ele nos será devolvido. Os que dizem que ele está morto são traidores do islamismo."

Omar Bin Khattab era um dos companheiros mais próximos de Maomé. Pessoa respeitada, altamente erudita e literato, pertencia à tribo de Adiyy, que ocupava uma posição de distinção entre os coraixitas. Converteu-se ao islamismo em 615, logo depois que um pequeno grupo de muçulmanos saiu de Meca buscando refúgio na Abissínia. Contam que certo dia o arrebatado Omar ouviu seu cunhado recitando o Alcorão. Irado, irrompeu na casa da irmã e exigiu explicações: "O que é essa récita em baixo tom que ouvi e que você interrompeu quando eu cheguei?"

Omar acabou pegando o pergaminho onde leu: "*Ta Ha*. Não para afligi-lo (Profeta) que te revelamos o Alcorão, mas sim como exortação àqueles que reverenciam Deus, uma revelação do Único que criou a terra e os altos céus, o Senhor da Misericórdia, que assumiu o trono." (20:1-5) Omar não se conteve: "Que lindo! Que linguagem sublime!" Pediu para ser levado ao Profeta; e pouco depois se converteu.

Quando a notícia da morte do Profeta foi anunciada, Abu Bakr, um dos primeiros a se converter e que ficou ao seu lado durante toda a vida, estava em casa no bairro de As-Sunah, em Medina. Apeado, saiu galopando em seu cavalo, indo direto à mesquita do Profeta, onde entrou sem nada falar. Beijou o Profeta e chorou. Em seguida saiu e foi encontrar Omar. "Sente-se, Omar", disse ele. Omar não lhe obedeceu. Então Abu Bakr dirigiu-se à multidão. "Ó fiéis", começou, "aquele que adorava Maomé, saiba que Maomé está morto. Mas aquele que cultuava Deus, sabe que Deus está vivo, pois Ele não morre". Em seguida recitou o seguinte versículo do Alcorão: "Maomé não é senão um mensageiro; muitos mensageiros o precederam. Se ele morresse ou fosse morto, retornaríeis aos antigos caminhos?" (3:144)

Ao ouvir Abu Bakr, Omar começou a tremer. "Por Alá", disse depois, "quando ouvi Abu Bakr recitar aqueles versículos senti as pernas me faltarem. Fiquei a ponto de cair e compreendi que o Profeta estava realmente morto".

Ao se recuperar do pesar, Omar sugeriu que Abu Bakr fosse eleito sucessor do Profeta. Havia outros nessa contenda. O próprio Abu Bakr indicou Omar. Depois havia Osman Bin Affan, que estava entre os quinze do primeiro grupo de coraixitas a se converter ao islamismo. E, é claro, o amado primo e cunhado do Profeta, Ali. Mas Omar alegou que Abu Bakr fora o mais próximo de Maomé durante o tempo da perseguição e opressão em Meca. E não fora ele o único que acompanhara o Profeta durante a hégira? Não guiara as orações quando Maomé estava doente demais para fazê-lo?

Houve inúmeros debates e discussões, mas foi a opinião de Omar que prevaleceu. Então Abu Bakr tornou-se o primeiro sucessor do Profeta, ou primeiro califa do islamismo.

Abu Bakr

Após a eleição unânime, Abu Bakr fez o seguinte discurso: "Fui escolhido por vós para ser vosso líder, embora não seja melhor que nenhum de vocês. Se eu fizer o bem, deem-me seu apoio. Se eu fizer qualquer mal, endireitem-me... Os fracos entre vós são, aos meus olhos, os poderosos, contanto que eu não tenha de lhes pagar as dívidas. Os poderosos entre vós são, aos meus olhos, os fracos, se eu por acaso tiver de lhes tirar o que a outros é devido... Obedeçam-me na medida em que eu obedeço a Alá e seu mensageiro. Se eu desobedecer a Alá e seu mensageiro, estais livre para me desobedecer."

Abu Bakr era um homem simples e piedoso. Seu verdadeiro nome era Abdala, mas era mais conhecido como "Siddiq", o verdadeiro, e "Antiq", o generoso. Sempre pronto a doar tudo o que tivesse aos necessitados, era muitas vezes visto vendendo fardos de roupas no mercado, mesmo depois de ter sido eleito califa. Omar tentou persuadi-lo a desistir do comércio, insistindo que o Tesouro Público lhe proporcionaria uma "pensão regular". Ele concordou com um estipêndio correspondente a uma roupa de inverno, uma de verão e carne de carneiro para sua alimentação diária. Omar parava as pessoas nas ruas e perguntava se havia qualquer reclamação contra ele. Renomado por tratar seus subordinados com enorme respeito e consideração, frequentemente era visto caminhando enquanto eles andavam em suas montarias. Como governante, não tomava nenhuma decisão sem consultar o povo. Sua maior alegria era brincar com as crianças e tirar leite das cabras dos órfãos e viúvas.

Abu Bakr serviu como califa por dois anos e três meses apenas. Tomou medidas rápidas para reassegurar a unidade entre as tribos muçulmanas, buscando fazer com que os laços da religião comum predominassem sobre a afinidade tribal. Sufocou uma rebelião entre algumas tribos que se recusavam a pagar o zakat e enviou expedições à Palestina, Síria e Iraque. Ao morrer, em 634, deixou um Estado estável e uma sociedade próspera, assim como o núcleo de uma civilização global emergente.

Após se consultar com os mais antigos Companheiros do Profeta, Abu Bakr indicou Omar como seu sucessor, mas a indicação era sujeita à aprovação da maioria. A indicação de Abu Bakr, formalizada por uma ordem que ditou a Osman, foi então colocada diante do povo na mesquita do Profeta. Foi imediatamente aprovada. Portanto, após a morte de Abu Bakr, Omar se tornou o segundo califa do islamismo.

Omar

Umar ibn Khattab [Omar] possuía forte senso de justiça. Daí seu título honorífico: al-Farooq, o justo. Orador consumado, possuía grande habilidade administrativa. Durante o reino de Omar (634-44), o império muçulmano se expandiu para a Síria, Palestina, Egito e a Pérsia. Omar desenvolveu uma estrutura sofisticada para a administração da nação muçulmana em rápida expansão.

Instaurou dois corpos consultores. Havia a Assembleia-geral, convocada por meio de um anúncio geral feito por todo o Estado, na qual cada cidadão estava intitulado e onde os assuntos de interesse nacional eram discutidos. Para o governo das questões estatais cotidianas, Omar instaurou um Conselho Consultivo de Representantes. Cidades, tribos e comunidades não muçulmanas foram requisitadas a enviar representantes. Ele insistiu também que os governantes das cidades e regiões deviam ser escolhidos pelos habitantes locais. Anexo ao gabinete do governante havia um birô especial onde os cidadãos podiam fazer suas reclamações e queixas contra o governante. Órgão independente, tinha o poder de remover o governante.

Omar instaurou também um elaborado sistema de cobrança de impostos e distribuição de previdência social. Introduziu o imposto sobre a propriedade privada, a produtividade agrícola e um em substituição ao do serviço militar, pago na maior parte por não muçulmanos. Em troca, os cidadãos idosos recebiam uma pensão, viúvas e necessitados um seguro social e todas as crianças recebiam um benefício estatal. Isso se aplicava igualmente a muçulmanos e não muçulmanos. Realizou-se um grande censo para definir quem se habilitava aos vários benefícios.

O cargo de califa não foi de grandeza e autopromoção para Omar. Ele se via como um servo do povo. Se os camelos do Tesouro Público adoeciam, lá estava o califa aplicando o tratamento necessário com as próprias mãos. Quando a Arábia foi assolada pela fome, Omar carregou sacos de milho nas costas para distribuir entre a população.

Muitas vezes saía à noite para ver como estava o povo. Numa dessas ocasiões, ouviu gritos de uma mulher numa barraca. Indagando, soube que ela estava sozinha e em trabalho de parto, mas não havia ninguém para atendê-la. Omar correu de volta para casa e levou sua mulher para ajudá-la.

Durante a época da fome, encontrou uma mulher sem nada para comer. Os filhos dela choravam. Para consolá-los, ela pusera uma panela no fogo, contendo apenas água. Ao ver essa cena, Omar saiu e retornou com um saco de farinha nas costas. Quando um oficial se ofereceu para carregar o fardo por ele, foi essa a resposta: "Nessa vida, você pode carregar meu fardo por mim, mas quem o fará no Dia do meu Juízo?"

Proibiu seus comandantes e governadores de manter propriedade fora da península Arábica e exortou-os a tratar seu povo com total igualdade. Ao saber que Amr ibn As, governador do Egito, erguera um púlpito para si próprio na mesquita, enviou-lhe uma carta curta e clara. Retire o púlpito, ele escreveu, pois não é adequado que um homem se sente acima dos outros.

Ao chegar a Jerusalém, após a queda da cidade para os muçulmanos em 638, estava a pé e vestia roupas comuns. O fato deixou a população greco-cristã local atônita, pois estavam acostumados às cerimônias pomposas dos imperadores bizantinos. Omar assegurou ao patriarca que a santidade de todas as instituições cristãs seria preservada. Este lhe mostrou então os vários locais de peregrinação da cidade. Enquanto visitavam a Igreja do Santo Sepulcro, chegou o momento das orações diárias. O patriarca sugeriu que Omar oferecesse suas orações lá, mas ele declinou educadamente, explicando que seu exemplo poderia ser seguido mais tarde pelos muçulmanos, e eles poderiam tentar converter o local numa mesquita.

Omar foi fatalmente apunhalado em 644, aos 53 anos. Antes de morrer, indicou um Conselho Eleitoral, composto de seis Companheiros do Profeta, para a escolha de seu sucessor. O conselho recebeu ordens de consultar os chefes de todos os clãs e os membros proeminentes da comunidade muçulmana. Em seu leito de morte, Omar aconselhou seu sucessor a tomar especial cuidado de seus súditos não muçulmanos. O conselho escolheu Osman Bin Affan.

Osman

Osman já tinha 70 anos quando foi eleito califa. Como primeiro ato, escreveu aos governadores de todo o império lembrando-os de serem justos. "Mesmo com seus inimigos", ele escreveu, "sua conduta deve ser correta. Vença-os com sua boa conduta e com o cumprimento das promessas".

Homem de negócios extremamente bem-sucedido, ele declinou do direito de ficar até mesmo com o salário nominal do Tesouro Público. Durante seu reinado de 12 anos, o império muçulmano expandiu-se rapidamente, atingindo o Chipre, o norte da África e chegando às distantes terras do Afeganistão e da Ásia. Os muçulmanos criaram também uma Marinha, construída nos estaleiros do Egito e da Síria. O império em expansão tornou-se opulento, e a riqueza trouxe considerável discórdia consigo. Portanto, o califado de Osman igualmente testemunhou considerável inquietude, insurreições e rebeliões. Durante todo esse tempo Osman nunca perdeu o equilíbrio ou a paciência e sempre agiu com equanimidade. Sua maior realização, sem dúvida, foi a produção de uma idônea edição escrita do Alcorão, finalizada em 652.

Osman foi assassinado enquanto lia o Alcorão, em 656. Sucedeu-o Ali ibn Abu Talib, primo do Profeta.

Ali

Ali casara-se com Fátima, uma das filhas do Profeta, e o casal levava uma vida muito austera. Homem excepcionalmente corajoso, Ali era famoso por sua erudição. Seus sermões, cartas e ditados foram reunidos no *Nahj al-Balagha*, uma importante fonte de orientação para os muçulmanos xiitas.

O reinado de Ali durou cinco anos. Ele transferiu a capital do império muçulmano para Kufa, no Iraque. Foi um período de desavenças e disputas religiosas sobre a autoridade política. A ascensão de Ali foi particularmente contestada por Muawiya, o poderoso governador da Síria e parente de Osman. Esse contexto levou à Batalha de Siffin, no Iraque (657); mas os dois lados decidiram solucionar a disputa por arbitragem. Os árbitros chegaram a uma interessante conclusão: sugeriram que ambas as partes deviam abdicar de suas reivindicações e uma terceira pessoa deveria ser eleita califa. Longe de finalizar a disputa, a arbitragem aumentou a inimizade entre os dois lados e levou a outra desavença. Um grupo dos seguidores de Ali sentiu que o califado estava em descrédito e formou um partido próprio, os caridjitas, ou dissidentes. Tornaram-se a primeira seita a separar-se do islamismo predominante.

Ali foi assassinado no início de 661 ao entrar na mesquita de Kufa para as orações matutinas. Foi enterrado a alguns quilômetros da cidade. O local de seu túmulo deu origem à Najaf, cidade que se tornou um centro de peregrinação.

Caridjitas

As vidas dos califas probos ilustram que a fase de formação do islamismo não foi pacífica. Três dos quatro califas foram assassinados. A maior parte da discordância concentrava-se na questão da sucessão: em quem tinha direito à liderança política da comunidade muçulmana. Um grupo específico de rebeldes, responsáveis pelo assassinato de Ali, era conhecido como caridjita. Tratava-se de uma seita de puritanos que não acreditava no debate ou acordo sobre a questão da sucessão; achavam que a decisão a Deus pertencia. Inclinavam-se a proclamações radicais, denunciando Ali, assim como Osman, e acusavam a todos que não concordassem com seu ponto de vista de infiéis e foras da lei.

Os caridjitas deram ao significado de ser muçulmano uma interpretação radicalmente diferente, traduzida pela ideia de estar em perfeito estado de alma. Alguém nesse estado não pode cometer pecado nem fazer o mal. O pecado, portanto, era uma contradição para o verdadeiro muçulmano — anulava o fiel e demonstrava que ele, internamente, era um apóstata que se virara contra o islamismo. Assim, qualquer um que cometesse um erro não era realmente muçulmano e, consequentemente, poderia ser levado à morte. De fato, os caridjitas acreditavam que todos os muçulmanos não caridjitas eram realmente apóstatas, legítimos alvos de violência.

Entretanto, havia um ponto em que a posição dos caridjitas era bastante sensata. Eles objetavam ao califado se tornar um reino árabe. Argumentavam que o islamismo estava sendo infundido pelo machismo árabe e os costumes tribais estavam tornando-se parte integrante da fé. Apontaram para a prática de introduzir convertidos não árabes nas tribos e de indicar "protetores" árabes como sinal de uma supremacia destes. De fato, afirmavam que os não árabes estavam sendo, de modo geral, relegados a uma condição inferior.

Foi o califa Ali quem primeiro tentou reprimir a rebelião caridjita. Embora tenham sido duramente derrotados, continuaram sendo fonte de insurreição contra o califado por muitos séculos.

A história da construção do islamismo não ocorreu sem deixar suas cicatrizes, mas nos conta como viveram o Profeta e seus companheiros mais próximos, representando fonte constante de inspiração para os muçulmanos. Aprendendo e seguindo esses exemplos, os muçulmanos tentam dar uma forma prática ao que acreditam.

4

Em que acreditam os muçulmanos?

Como vimos no capítulo anterior, a palavra "islã" tem o duplo sentido de "paz" e "submissão". Um muçulmano é alguém que se "submete" espontaneamente à orientação de um Deus, onisciente, todo-poderoso, misericordioso e beneficente. Essa orientação é revelada no Alcorão. Recebe um formato prático na Suna, os exemplos, ações e tradições do profeta Maomé. Busca-se a paz dentro dos parâmetros de conceitos e valores eternos supridos pelo Alcorão e pela Suna.

O islã descreve-se como *din*, uma instituição divina que orienta seres racionais, pela escolha destes, para a salvação nesse mundo e no mundo vindouro. Abrange artigos de crença e ação. A *din* abrange três elementos em particular: *iman* ou fé, *ihsan* ou ações corretas, e a expressão ritual da fé, que é conhecida como os Cinco Pilares do islamismo.

Iman ou fé é o alicerce da religião. A fé é adquirida por meio do exercício racional, assim como pela experiência do Divino. Nascemos num estado natural de pureza e graça, denominado *fitrah*, ou fitra. O apreço ao Divino é parte integrante de nosso fitra. Portanto, o islamismo se vê como o caminho ou a tendência natural dos seres humanos. Assim sendo, a submissão a Deus leva à harmonia, é a realização do que é inerente na natureza boa e verdadeira da pessoa. Iman é "como uma boa árvore cuja raiz está firme e cujos galhos se elevam aos céus, sempre produzindo frutos pela permissão do Senhor". (Alcorão 14:24-5)

Iman anda de mãos dadas com ihsan. A crença por si só não é suficiente. Os fiéis devem acreditar *e* fazer o bem, pois não serão julgados pela proclamação de suas crenças, mas por seus atos. Os muçulmanos acreditam que Deus não criou a humanidade e o mundo por esporte ou em vão, mas por um propósito: que os humanos consigam satisfazer suas inclinações éticas naturais, fazer o bem e espalhar a bondade sobre a terra. Assim, os fiéis disputam entre si para realizar atos cada vez melhores, maiores e mais nobres. A boa vida, nesse mundo e no vindouro, vem em consequência dos bons atos realizados aqui e agora: "A quem praticar o bem, seja homem ou mulher, e for fiel, concederemos uma vida boa e recompensaremos de acordo com o melhor de suas ações." (*Alcorão* 16:97)

Artigos da fé

Os constituintes básicos de iman são os seis artigos da fé, que derivam do Alcorão: e em sua base está a suposição de que o Alcorão é a palavra de Deus. Sem esse postulado básico — ou crença cardeal — os artigos da fé não fazem muito sentido.

Os artigos da fé islâmica são bem semelhantes aos sistemas de crença de outras fés monoteístas, como o judaísmo e o cristianismo, e ainda que nem todos tenham um papel na vida cotidiana dos muçulmanos, a maioria dos fiéis leva muito a sério sua crença em Deus e no Dia do Juízo.

1. Deus

A pedra angular da crença muçulmana é a noção de *tawhid*, ou afirmação da unidade de Deus. O oposto de tawhid é a parceria, a associação de outros deuses a Deus, vista pelo islã como o pecado supremo. O Deus do islamismo está além da imaginação e da concepção humanas, embora possam ser usados termos como Ele ama, Ele fala, Ele está descontente. Para evitar qualquer concepção humana do Ser Divino, usa-se o termo Allah [Alá] — sempre escrito com letra maiúscula —, formado pelo artigo definido *al* e *ilah*, que significa divindade, ou seja, o próprio termo incorpora a noção de um Deus único. Reconstitui-se na linguagem uma realidade que está além da imaginação e percepção humanas. Através da palavra Allah, os humanos evocam Deus *pessoalmente*: é a abertura para a essência divina, além da linguagem e do mundo.

O único meio de compreender o divino é através de Seus atributos. O capítulo de abertura do Alcorão nos mostra os quatro principais atributos de Deus. Alá é o Senhor (*Rabb*) que cria, mantém e orienta tudo o que existe no Universo a um estado de perfeição. Ele é Beneficente (*al-Rahman*) e Misericordioso (*al-Rahim*), e Seu amor e misericórdia se manifestam na criação desse mundo. E Ele é o Mestre (*Malik*) do Dia do Juízo. O Alcorão começa:

> Louvado seja Alá, Senhor dos Mundos,
> O Beneficente, o Misericordioso
> Mestre do Dia do Juízo
> É a Ti que adoramos;
> É a Ti que pedimos ajuda (1:1-4)

2. Anjos

Os muçulmanos acreditam em anjos, seres puramente espirituais, sem quaisquer desejos físicos ou necessidades materiais, cujo alimento é celebrar a glória de Deus, cuja bebida é proclamar Sua Majestade, cujo prazer é adorá-Lo. Os anjos são criados com diferentes formas, poderes e deveres. Os três anjos principais são: Jibril (Gabriel), o anjo da revelação; Israfil, o anjo que anunciará o advento do Dia do Juízo; e Azrail, o anjo da morte. A tradição muçulmana sugere que os anjos não se dão a conhecer ao homem comum, somente aos profetas.

3. Livros de Deus

Os muçulmanos acreditam que Deus não deixou a humanidade sem orientação. Ao longo das eras, enviou Sua revelação através de Seus livros. Assim, por exemplo, Moisés recebeu a Torá, e Jesus, os Evangelhos. Esses, além de outros, são vistos como verdadeiras revelações, sendo que todos contêm a mesma mensagem: adorar um único Deus e fazer o bem. Entretanto, segundo os muçulmanos, essas revelações foram corrompidas em suas formas originais. Somente o Alcorão, a última revelação de Deus, foi completamente preservado, embora isso não os impeça de respeitar as fontes sagradas de outras fés ou de até mesmo seguir seus mandamentos.

4. Profetas de Deus

Os muçulmanos acreditam que Deus enviou mensageiros e profetas a todas as nações e comunidades. A mensagem foi sempre a mesma: todos pediram ao povo de seu tempo que obedecesse a Alá e a nenhum outro. Os mensageiros eram mortais dotados das revelações divinas e indicados por Deus para instruir a humanidade. Eram pessoas de reconhecido valor que sempre diziam a verdade, não cometiam atos ilegais nem ocultavam qualquer parte da mensagem que tinham a dar. Embora o Alcorão mencione apenas os profetas bíblicos (Adão, Noé, Lot, Abraão, Ismael, Isaac, Jacó, Moisés, Davi, Salomão, Yahya [João Batista] e Jesus), os muçulmanos acreditam que outras nações, culturas e civilizações, como Índia, China e Japão, também tiveram seus profetas. Alguns chegaram a opinar que Platão e Aristóteles, assim como Rama e Buda, eram profetas também. Contudo, o profeta Maomé é visto como o "selo dos Profetas" e último mensageiro de Deus.

5. O Dia do Juízo

Os muçulmanos acreditam que serão responsabilizados por todos os seus pensamentos e ações neste mundo no Dia do Juízo, quando o mundo será enrolado como um pergaminho e todos serão julgados por Deus. Aqueles que apresentarem bons atos serão recompensados com o paraíso, os outros irão para o inferno. As ideias dos muçulmanos de céu e inferno são puramente metafóricas. O termo usado com mais frequência para se referir ao paraíso é "jardim". Diz o Alcorão: "Eis aqui uma descrição do jardim prometido aos piedosos: rios de águas sempre puras, rios de leite sempre fresco, rios de vinho, um deleite para os que bebem, rios de mel purificado, tudo nele flui; lá haverá todo tipo de fruto e eles encontrarão o perdão de seu Senhor." (47:15) Em contraste, o inferno costuma ser sinônimo de fogo, um local de tormenta. No entanto, essas descrições, como o próprio Alcorão declara, são apenas "semelhanças": a verdadeira natureza do céu e do inferno só é conhecida por Deus.

A crença no Dia do Juízo significa que a morte não é o fim da vida, mas um portal para a vida eterna. Como disse o profeta Maomé: "O túmulo é o primeiro passo para a jornada rumo à eternidade." Portanto, os muçulmanos percebem o tempo como sendo contínuo, desse mundo para o próximo; e o tempo passado aqui moldará a natureza do tempo eterno. Essa é a razão para que a crença por si mesma não seja o bastante; deve ser complementada por atos bons, justos e caritativos. A explicação a ser dada no Dia do Juízo é uma explicação pessoal, relativa apenas aos próprios atos e não a intercessão de algum outro, que levará à salvação.

O islamismo desenvolveu uma escatologia fantástica em torno do Dia do Juízo, da natureza do céu e do inferno, mas grande parte é mero folclore que, como tal, pode facilmente ser dispensada.

6. Destino

Os muçulmanos acreditam que seu destino está firmemente nas mãos de Deus. O resultado de cada esforço, de cada boa intenção e bom ato, está sujeito à vontade de Deus. Ele é sábio, amoroso e justo e tem conhecimento do passado, do presente e do futuro. O que parece um fracasso em curto prazo pode vir a ser um grande sucesso em longo prazo. Dessa forma, reveses, tragédias e obstáculos nunca devem levar à desesperança; deve-se sempre ter fé e confiar em Deus. A responsabilidade dos fiéis é fazer escolhas sãs e dar o melhor de si, planejando e executando seus planos com a maior diligência.

Afora seu significado teológico, o termo *din* tem também uma dimensão cultural. Há uma íntima ligação entre o conceito de *din* e a ideia de medina ou cidade. Vimos que após a migração do Profeta para Yatrib, a cidade passou a se chamar al-Medina, "a cidade". Ou, mais precisamente, *Medina-tun Nabi*: cidade do Profeta. Foi ali que a primeira comunidade de fiéis viveu livremente sua *din* e construiu uma sociedade cívica, elementos cujas noções estão intrinsecamente ligadas. Dessa forma, o islamismo vê a si próprio não apenas como fé e religião, mas também como cultura e civilização. Fundamentalmente, o islamismo é um modo de ver e moldar o mundo, um sistema de conhecer, ser e fazer, um processo de construir uma sociedade cívica. Resumindo: é uma visão de mundo. É isso que os muçulmanos aprendem no Alcorão.

O que é o Alcorão?

O islamismo começa e termina com o Alcorão, um termo que literalmente significa "a leitura". Os muçulmanos acreditam que o Alcorão é a palavra de Deus, o registro escrito da Revelação feita ao profeta Maomé, em árabe, durante um período de 23 anos, que vai de 610 a 632 d.C. Desde que foi revelado, manteve-se exatamente o mesmo, sem que nenhuma palavra, vírgula ou ponto tenham sido modificados. Essa inimitabilidade foi possível devido à natureza especialmente elevada de sua linguagem, à interligação de seu estilo e ao modo como as palavras combinam e se encaixam. Trata-se não tanto de um poema épico, mas de uma sinfonia, onde cada nota é fixada em seu lugar. Remova ou mude uma nota e o texto sairá de sincronia. Isso contribui para facilitar a memorização do Alcorão; em todo o mundo mulçumanos o memorizam palavra por palavra e o carregam "em seus corações e mentes".

O Alcorão descreve-se como um "livro de orientação" e dirige sua mensagem a toda a humanidade, focada principalmente na natureza e na finalidade da vida religiosa, o "quê" da vontade Divina. Há alguns versos legislativos, mas são poucos e limitados. De 6.342 versículos (organizados em 114 capítulos), não chegam a 500 os prescritivos. Grande parte do Alcorão dedica-se a explorar os atributos de Deus e a descrever a qualidade de uma vida justa e honrada, e cerca de um terço é dedicado a exaltar as virtudes da razão.

A essência da mensagem do Alcorão é a de que Deus não precisa enviar outra revelação: em parte porque colocou nas mãos dos homens uma declaração imperecível e definitiva da Sua vontade, e em parte porque deseja que as pessoas descubram e elaborem os meios pelos quais Sua vontade deve ser entendida e praticada. Dessa forma, não é só a revelação que direciona e molda o comportamento humano, mas também razão, reflexão, filosofia, ciência e estudo do mundo material. O Alcorão dá igual importância à revelação e à razão como guias do comportamento humano, portanto não é por acaso que faz perguntas — você já olhou a sua volta e estudou o cosmos, já analisou a história das outras nações, já viajou pela Terra para explorar sua flora e fauna? — e incita os fiéis a se engajarem com o mundo material. Coloca sobre os seres humanos o fardo de elaborar as leis, mas em todos os casos enfatiza que a ética religiosa deve desempenhar seu papel na formação da sociedade. Por bastante tempo, creio, os muçulmanos fizeram vista grossa para o outro lado da equação e concentraram-se apenas na revelação, para grande prejuízo das sociedades muçulmanas.

Os principais temas do Alcorão incluem a unidade de Deus, os seres humanos como indivíduos e comunidades, a natureza e o meio ambiente, a revelação, a vida após a morte e a natureza do mal. Enfoca também os acontecimentos na vida do profeta Maomé, as circunstâncias da comunidade muçulmana em Meca, o surgimento da sociedade cívica em Medina e a história das primeiras civilizações.

Esses temas e matérias não estão delineados num único lugar. Ocorrem algumas vezes, numa série de pontos ao longo do texto. Como a Bíblia, o Alcorão não é estruturado na forma de uma narrativa linear nem seus versículos se organizam na ordem cronológica em que foram revelados. Em vez disso, a organização leva o leitor dos tópicos de "quê" e "como" à questão crucial: "por quê". Durante todo o texto, são utilizadas metáforas, alegorias e parábolas para delinear temas e matérias, sempre retornando ao mesmo tópico. A repetição acrescenta camadas de significados e expande constantemente os limites de interpretação. Assim, o Alcorão faz sentido como um texto interligado, sobreposto, com uma quantidade de significados possíveis.

O objetivo final de um muçulmano é ocupar-se com o texto do Alcorão, interpretá-lo, reinterpretá-lo e decifrar suas múltiplas camadas de significado. É um texto revelado num período histórico, portanto deve ser interpretado dentro do seu contexto. É também um comentário sobre a vida do profeta, e sendo este o recipiente da Revelação, Maomé é também, portanto, o guia máximo de sua interpretação e compreensão. Desse modo, o contexto pode ser específico, mas suas implicações são universais e eternas.

O Alcorão deve ser lido em conjunto com a vida do Profeta, sobre a qual é um comentário. Não podemos tirar versículos individuais do Alcorão e usá-los para justificar certas coisas sem qualquer referência ao contexto no qual foram revelados. Nem podemos interpretar versículos individuais sem fazer referência ao restante do texto sagrado. Isso, preciso admitir, é prática comum entre os muçulmanos e tem levado a interpretações literais, atomísticas e unidimensionais usadas para justificar toda variedade de atos injustos, patriarcais, machistas e violentos — posições claramente contrárias ao espírito do texto sagrado.

Uma comunidade de fé somente pode ter uma relação interpretativa com seu texto sagrado. Essa interpretação não pode ser realizada de uma vez por todas: cada geração deve reinterpretar o texto à luz de sua própria experiência. É isso que o Alcorão exige e que os muçulmanos visivelmente não conseguiram fazer. É possível que os fiéis não discordem simplesmente da interpretação das gerações anteriores, mas sim que discordem entre si. O Alcorão não só é aberto a múltiplas interpretações, como também as convida.

Seja como for que interpretem seus textos sagrados, todos os muçulmanos fazem uma clara distinção entre o Alcorão e o Profeta. O Alcorão é a palavra de Deus, mas Maomé é inquestionavelmente humano, e a vida humana nos proporciona os melhores meios para compreender o propósito e as intenções do texto sagrado. Depois do Alcorão, os muçulmanos buscam orientação na Suna, os exemplos e atos do profeta Maomé.

O que é a Suna?

Maomé não é apenas o mensageiro de Deus, é também aquele que percebeu e concretizou a mensagem divina numa situação particular e, por isso, o Alcorão declara ser a conduta de Maomé um exemplo ideal para os muçulmanos.

A Suna divide-se em duas categorias: o que o Profeta fez e o que disse.

Espera-se que, em suas vidas diárias, os muçulmanos ajam como o Profeta. Assim, eles rezam como o Profeta rezava, fazem suas abluções como ele fazia, realizam os rituais de hajj (a peregrinação a Meca) como ele realizava. E devem seguir a Suna no relacionamento com os familiares, vizinhos, sociedade e outros, mesmo que nem sempre seja assim. A verdade é que os muçulmanos transformaram a aparição do Profeta num fetiche e se esqueceram de sua personalidade e de seus atos.

Então a maioria dos homens muçulmanos devotos usa barba, veste-se como o Profeta deve ter se vestido, come com as mãos e limpa os dentes com um *muswak* — um palito com propriedades antibacterianas. Mas a generosidade e a capacidade de perdoar do Profeta, sua paixão pelas ideias e erudição costumam estar visivelmente ausentes. É muito mais fácil demonstrar devoção imitando o superficial e ignorando o profundo e duradouro.

O que o Profeta disse evoluiu para uma sofisticada disciplina. Os muçulmanos fazem uma nítida distinção entre as palavras do Alcorão e do Profeta, muito diferentes na linguagem, estilo e estrutura. E ao contrário do Alcorão, que foi conservado pela vontade Divina, as palavras do Profeta tiveram de ser conservadas pelo esforço humano. Dessa forma, identificar as falas autênticas do Profeta, o *hadith*, tornou-se um grande desafio para os muçulmanos, satisfeito pelas primeiras comunidades muçulmanas com formidável sagacidade intelectual e escrupulosos cuidados. Toda uma ciência evoluiu a partir do projeto de reunir, selecionar, editar e compilar o hadith autêntico. A tarefa tinha duas dimensões.

Primeiramente, as verdadeiras palavras do Profeta precisaram ser reunidas. Isso exigiu que os coletores do hadith viajassem para os mais variados e distantes recantos do mundo muçulmano, procurando por indivíduos que tivessem estado em contato direto com o Profeta ou com um de seus companheiros de confiança. Usaram uma técnica que relacionava, através de uma cadeia, a pessoa relatora do hadith ao próprio Profeta. Os narradores deviam ter conhecido pessoalmente o profeta ou seus companheiros, ter uma conduta moral impecável, e seus relatos deviam ser passíveis de verificação. Essas condições foram meticulosamente observadas pelos coletores do hadith.

Numa ocasião particular, o famoso erudito imã Bukhari (810-870) viajou centenas de quilômetros para encontrar uma pessoa em posse de um único relato. Ao chegar à casa do homem, encontrou-o acenando para seu cavalo com um saco de forragem vazio. Bukhari retornou sem falar com ele. Como se poderia confiar nesse homem, ele declarou, para transmitir um relato se ele enganava o próprio cavalo?

Os muçulmanos cultivaram estudos de biografia, historiografia e análise social para investigar a honestidade dos narradores do hadith. Somente após a total verificação e confirmação inquestionável da integridade dos narradores é que o relato era registrado. Por isso o hadith muitas vezes apresenta trechos como: "Fulano disse que sicrano disse que o Profeta disse…"

Em segundo lugar, o texto do hadith tinha de ser examinado de modo crítico. Sua linguagem devia ser a utilizada pelo Profeta e o conteúdo, coerente e racional, correspondendo aos ensinamentos do Alcorão e harmonizando-se com a realidade histórica e com a sabedoria humana.

Criaram-se elaboradas ferramentas de análise textual. Usando gramática, sintaxe, lexicografia, etimologia, filologia e estética linear, os compiladores do hadith examinavam a forma e o conteúdo de cada relato. Com base nessa análise crítica, os relatos eram classificados como:

1. *sahih* ou autêntico, relatado por narradores de integridade incontestável;
2. *hasan* ou bom, mas com um elo frágil na corrente de narradores;
3. *daeef* ou fraco, com uma corrente defeituosa de narradores.

Há inúmeros outros tipos de relatos: aqueles em que faltava um narrador no início (suspenso) ou no final da corrente (defeituoso), onde os narradores são acusados de falsidade (descartados), onde os narradores cometeram um erro de linguagem (censurados), ou onde o dito contradiz as palavras do Profeta ou o Alcorão (contraditório).

Os relatos que realmente importam são os autênticos. Entre os milhões coletados, apenas dois mil são considerados autênticos e estão reunidos em seis coleções canônicas, das quais duas são reconhecidas como as mais importantes: *Sahih Bukhari*, do imã Bukhari, e *Sahih Muslim*, do imã Muslim,* ambos considerados grandes compiladores do hadith.

Imã Bukhari, como o nome sugere, nasceu em Bukhara e foi famoso por seu intelecto e sua excelente memória. Viajou milhares de quilômetros para coletar, verificar e conferir a autenticidade do hadith. Conta-se que coletou 600.000 ditos do Profeta, mas após exame os reduziu a 7.275, que considerou confiáveis. Estudos subsequentes bastante escrupulosos os reduziram a 2.762, que ele havia descrito como "autênticos".

---

*Muslim = muçulmano, em inglês; *muslin*, em árabe. (N. da T.)

Imã Muslim, que nasceu em Khurasan, foi tão crítico quanto. Coletou mais de três milhões de ditos, mas incluiu apenas 9.200 em seu livro.

O hadith tornou-se a principal fonte da Suna. Na verdade, as duas palavras, hadith e Suna, viraram sinônimos. Seguir a Suna tornou-se, essencialmente, uma questão de seguir certos ditos do Profeta, o que, por si mesmo, não é problemático. No entanto, há diferenças sectárias de opinião sobre as tradições, que foram coletadas durante várias décadas após a morte do Profeta. Os muçulmanos xiitas, por exemplo, rejeitam os livros sunitas, baseando-se em coleções próprias. Além disso, tradições inautênticas também são usadas por alguns muçulmanos para justificar suas posições. Portanto, diferentes ditos do Profeta, inclusive os não confiáveis, podem ser utilizados para enfatizar diferentes aspectos do islamismo e levam os fiéis a direções opostas, inclusive à violência sectária.

Há outro aspecto dos ditos do Profeta que não é apreciado por todos os muçulmanos. Maomé era um homem de seu tempo. Tudo o que dizia, mesmo com toda sua presciência, estava fundamentado no contexto daquela época e, sendo assim, nem tudo pode ser universalizado ou transformado num princípio geral. Seus modos de se vestir e cuidar de seus negócios seguiam os parâmetros de seu tempo e ambiente, mas muitos dos seus ditos, como "aprenda a se conhecer" e "lute sempre para sobressair na virtude e na verdade", têm significado universal. O importante é analisar o espírito e os valores subjacentes de seus atos e palavras.

O Alcorão e a Suna, acreditam os muçulmanos, fundamentam o padrão divinamente ordenado da conduta humana. O propósito de um fiel é consumar esse padrão na vida individual e na sociedade como um todo. É aí que entra a *Shariah*.

O que é a Shariah?

Literalmente, o termo Shariah significa "o caminho que leva à água". Em um sentido mais geral, significa "a estrada para uma boa vida". Religiosamente, é entendida como "Lei Islâmica", o caminho ordenado por Deus, e é supostamente derivada do Alcorão e da Suna. Não é de surpreender, portanto, que a maioria dos muçulmanos acredite que a Shariah seja divina.

Mesmo sendo um conceito altamente prático, voltado em grande parte para a conduta humana, a Shariah tem uma perspectiva bastante holística sobre o comportamento humano, incluindo aspectos espirituais, mentais, físicos, sociais e institucionais. O modo como os muçulmanos devem rezar e pagar o zakat é tão parte da Shariah como o modo como devem se casar e divorciar, ou como ladrões e assaltantes devem ser punidos. Ela almeja a totalidade, representa um modo completo de vida.

Mas como podemos conhecer a Shariah?

Desde o início do islamismo, dois métodos eram reconhecidos. O primeiro era simples: requeria a interpretação do Alcorão e da Suna. Como essas fontes tradicionais podiam ser insuficientes para uma comunidade em rápido desenvolvimento, se estabeleceu um segundo princípio: o uso da razão e da inteligência humana para "entender" ou "compreender" a vontade divina.

O uso de raciocínio independente para elaborar e entender a Shariah foi sancionado pelo próprio profeta Maomé. De acordo com uma autêntica tradição, ele enviou um certo Muadh ibn Jabal ao Iêmen para assumir o cargo de governador. Antes que partisse, o Profeta lhe perguntou como julgaria um problema. Ibn Jabal respondeu que se basearia no Alcorão. O Profeta questionou: "Supondo que não encontres a solução no Alcorão, com que base julgarias?" Ibn Jabal respondeu que se basearia na Suna. O Profeta perguntou-lhe mais uma vez: "Supondo que não encontres a solução no Alcorão nem na Suna, com que base julgarias?" Ibn Jabal respondeu: "Nesse caso, julgaria com base no meu raciocínio independente." Dizem que o Profeta ficou bem contente com a resposta.

O raciocínio independente, ou *ijtihad*, tornou-se a pedra angular para a compreensão da Shariah e evoluiu para um importante princípio do islamismo. De fato, é o princípio fundamental para a adaptação às mudanças dentro do islã.

Uma corrente de outras fontes secundárias também emergiu para desenvolver compreensões da Shariah. As duas principais fontes são *ijma* e *qiyas*. Ijma significa "consenso"; originalmente significava o consenso da comunidade muçulmana. Historicamente, o termo passou a significar "o consenso dos juristas eruditos". Qiyas é uma dedução analógica; é uma forma particular de ijtihad. Envolve o traçado de paralelos do Alcorão e da Suna entre duas situações diferentes. Os julgamentos legais feitos por analogia tornam-se parte do direito islâmico se adquirirem o ijma dos juristas muçulmanos.

Mais tarde, fontes complementares foram acrescentadas para refinar as interpretações da Shariah. Elas incluíam:

1. *al-Istihsan*, ou desvio, por uma razão legal, de certa regra.
2. *al-Istislah*, ou interesse público que necessita de certas regras não especialmente sancionadas pelo Alcorão ou pela Suna.
3. *al-Urf*, ou o costume e a prática de uma sociedade específica que não viola o princípio geral do Alcorão e da Suna.

O que os muçulmanos agora conhecem como Shariah é na verdade o esforço cumulativo para compreender a vontade divina através do uso dessas fontes e métodos. O termo islâmico para "compreensão" é fiqh, que também tem o significado técnico de "jurisprudência". Portanto, grande parte da Shariah é a fiqh ou jurisprudência elaborada durante o período clássico, do século VII ao X, desenvolvida num contexto histórico específico e baseada em uma compreensão determinada do mundo.

Aqueles que estruturaram o direito islâmico possuem o título honorífico de imã, ou "líder cujo exemplo deve ser seguido". A ramificação sunita do islamismo — majoritária — reconhece quatro Escolas de Pensamento, cada uma levando o nome de seus fundadores.

O imã Abu Hanifa (+772) foi o primeiro a fundar uma escola. Dizem que ele levou trinta anos para codificar suas leis. Sua constante recusa em aceitar o posto de chefe de justiça acabou levando à sua prisão em Bagdá, onde morreu. O imã Malik (+801), que nasceu e morreu em Medina, é o autor do famoso livro *Muwatta*, "o caminho suavizado", considerada a primeira obra completa do direito islâmico. O imã Shafi'i (+820) foi o primeiro a escrever um tratado sobre o princípio da jurisprudência islâmica. Era discípulo do imã Malik, mas diferia do mestre na ênfase da moderação e temperança. O imã Hanbal (+855) era discípulo do imã Shafi'i e vivia como asceta, sendo perseguido por suas opiniões francas.

Há diversas escolas de direito na ramificação xiita do islã. A mais importante é a Jafari, nome proveniente de Ja'far as-Sadiq (699-765), que foi mestre de Malik ibn Abas e Abu Hanifa.

Diferentes partes do mundo muçulmano subscrevem-se a diferentes escolas de direito. A escola Hanafi é predominante na Turquia, Índia e Paquistão. A escola Malaki tem a maioria de seus seguidores no Oriente Médio e no oeste da África. A escola Shafi'i é popular no Sudeste Asiático. A escola Hanbali é seguida na Arábia Saudita e no Catar. A escola Jafari predomina no Irã e no Iraque.

Os juristas clássicos não estabeleceram escolas de direito nem consideravam suas opiniões jurídicas e seus julgamentos infalíveis, eternos e inalteráveis. Eram homens muito humildes, conscientes de suas deficiências, e o que se propuseram a fazer foi instaurar o princípio de que uma sociedade muçulmana deveria operar dentro de limites morais e éticos e que o julgamento crítico e o raciocínio independente deviam imperar. Recusaram-se a cooperar com os soberanos e lutaram abertamente contra a tirania e o despotismo. Enfatizavam constantemente que suas opiniões eram só isso — opiniões.

Mas ao longo do tempo, os muçulmanos tornaram essas opiniões, desenvolvidas e aplicáveis na maior parte a um mundo medieval, totalmente sacrossantas. De modo geral, não podem ser confrontadas, modificadas ou abandonadas. Com o passar dos séculos, tornaram-se parte da Shariah, que deveria ser divina e imutável; estão, portanto profundamente entrincheiradas, uma vez que questionar essas opiniões equivale a questionar a Shariah, algo que os muçulmanos mais devotos abominam. Desse modo, uma lei que deveria ser dinâmica e progressiva, ficou congelada na história; o que havia sido uma construção humana, uma tentativa de compreender a vontade divina em um contexto específico, é agora visto como imutável. Os países muçulmanos que adotam a Shariah atualmente estão reproduzindo o contexto medieval em sua totalidade, com suas divisões do mundo entre fiéis e infiéis, noções patriarcais, direito criminal do século X e uma visão puritana, e por isso Estados como a Arábia Saudita e o Sudão nos dão a sensação de serem tão medievais. Ironicamente, o que a princípio foi criado para lutar contra a tirania tornou-se uma fonte dela.

Todos os muçulmanos acreditam nos artigos de fé, no Alcorão, na Suna e na Shariah, mas tipos diferentes de muçulmanos possuem crenças um tanto diversas.

5

Variedades da crença muçulmana

Há certas diferenças entre os sistemas de crença dos dois maiores grupos do islamismo, os sunitas e os xiitas. Como comunidade majoritária, grande parte das crenças que associamos ao islamismo são sunitas. Os sufis têm também algumas poucas crenças que lhes são específicas, e além desses, outros grupos de muçulmanos, como os puritanos e os moderados, enfatizam diferentes aspectos do islamismo.

Xiitas

Os muçulmanos xiitas, diferentemente dos sunitas, acreditam em liderança espiritual hereditária, insistindo que somente membros da família do Profeta têm o direito de ocupar cargos de liderança. Em consequência, acreditam que o Profeta deveria ser sucedido por Ali, seu primo e genro, que desse modo, na seita xiita, tem lugar e função especiais.

Os xiitas afirmam que Maomé escolheu Ali para seu sucessor. Num evento específico em Ghadir Khumm, o Profeta supostamente determinou Ali como parte da "guarda geral" da comunidade muçulmana. Essa afirmação se baseia numa série de relatos do hadith que os sunitas não aceitam como autênticos.

A liderança hereditária é conhecida como imamato, e os imãs possuem graça extraordinária, poder miraculoso e conhecimento (secreto) especial. Ali foi o primeiro imã e chega a ser mencionado na chamada xiita para as orações (azan), para grande consternação dos sunitas.

O evento central da teologia xiita é a Batalha de Karbala, originada da contestação de Muawiya, fundador da dinastia omíada, frente à ascensão do califa Ali. Muawiya foi sucedido pelo filho, Yazid, e a comunidade muçulmana se dividiu entre os que apoiavam Ali e os que apoiavam Yazid. Os partidários de Ali reuniram-se em torno do filho deste, Hussain, o neto do Profeta, que propôs uma alternativa para a liderança da comunidade muçulmana.

Em 10 de outubro de 680, Hussain e seus seguidores enfrentaram o exército de Yazid. A monarquia hereditária foi desafiada pela hereditariedade espiritual. A batalha deu-se em Karbala, à margem esquerda do Eufrates, e ainda que Hussain e seus 600 seguidores não tivessem chance, recusaram-se à rendição. Houve então um massacre, e o islamismo dividiu-se em dois para sempre.

Os acontecimentos de Karbala são encenados todos os anos no décimo dia do mês islâmico de Muharram. É um dia de luto e memória do embate de Hussain, no qual se realizam dramatizações do martírio xiita, a Ta'iziyyah e há procissões pelas ruas. Homens e mulheres batem no peito e os homens flagelam-se com facas e correntes; trata-se de uma expressão de culpa por terem abandonado Hussain em seu momento de necessidade. Os xiitas também vão a Karbala em peregrinação. Como lembrete constante daqueles acontecimentos, eles prostram a cabeça, ao rezar, sobre uma placa com o barro de Karbala.

Os xiitas criaram suas próprias escolas de direito, elaboraram filosofias e tradições místicas. Há inúmeras subdivisões, sendo que todas elas acreditam na infalibilidade dos imãs, ainda que diferentes seitas acreditam num diferente número de imãs. A seita dominante entre os xiitas é a dos Doze Imãs, que acreditam, como o nome diz, em 12 imãs, a começar por Ali e Hussain. O décimo segundo imã, Mahdi, nasceu em Samarra, filho único de Hasan al-Askari, o décimo primeiro imã. Após a morte de al-Askari em 873, Mahdi, então com quatro anos, desapareceu. A teologia xiita postula que ele tem vivido de modo sobrenatural, escondido da humanidade, e irá se revelar no fim dos tempos. Em sua ausência, um erudito xiita, um aiatolá, pode atuar como sua "sombra". O aiatolá Khomeini, líder da Revolução Iraniana, era considerado o *Vilat-e-faqih* — a sombra do imã perdido. Como tal, seus julgamentos e *fatwas* (opiniões) eram vistos como infalíveis pelos devotos.

Outras seitas xiitas incluem os zaydis, que aceitam cinco imãs. Os xiitas ismaelitas, que reconhecem sete imãs, são liderados por Aga Khan.

Sufis

Os sufis representam a tendência mística do islamismo. Ao contrário da maioria dos muçulmanos, que acredita que a proximidade com Deus só pode ser alcançada após a morte, os sufis creem que é possível vivenciá-la enquanto se está vivo. Para alcançá-la, deve-se realizar uma jornada, conhecida como tariqa (literalmente, "o caminho"), sob a supervisão de um guia espiritual, quando são realizadas orações extras, conhecidas como zikr (lembrança de Deus). Os sufis também acreditam na "unidade da verdade", afirmando que todos os caminhos espirituais levam a um único e mesmo Deus.

O sufismo surgiu no início do islã, como reação ao puritanismo e legalismo árido, estabelecendo-se como movimento com Hasan al-Basri (+728). Criado por Umm Salama, uma das esposas do Profeta, ele declarava que os muçulmanos devem buscar "doçura" na oração, na lembrança de Deus e na leitura do Alcorão

A primeira mística reconhecida do islamismo é Rabia al-Basri, cuja vida é envolta em mistério. Sabe-se que era uma escrava liberta, que se retirou para o deserto, onde levou uma vida de pobreza. Rejeitou inúmeras propostas de casamento, mas aceitou Hasan al-Basri como discípulo. É famosa por sua poesia mística, sendo que algumas delas estão amplamente disponíveis. Credita-se a Rabia al-Basri a noção de amor incondicional, que pode ser vista em sua famosa prece: "Ó Deus, se eu te adorar por medo do inferno, incinere-me no inferno. Se eu te adorar na esperança do paraíso, exclua-me do paraíso. Mas se eu te adorar por amor a ti, não me conceda de má vontade Sua Beleza eterna."

O propósito da vida sufi é buscar por *fana*, ou a aniquilação do ego, onde o primeiro passo é o abandono do materialismo. O termo sufi vem da palavra *suf*, que significa lã: mantos de lã crua eram utilizados pelos sufis como símbolo de sua renúncia ao mundo e seus prazeres. O mais famoso acontecimento relacionado ao alcance do estado de fana é atribuído a al-Hallaj (+922), que, em estado de êxtase, pronunciou a frase "Eu sou a verdade", levando a problemas com as autoridades religiosas. Al-Hallaj recusou-se a pedir desculpas; pelo contrário, repetiu o ato numa série de ocasiões e, por sua insistência, acabou sendo executado.

A história muçulmana é cheia de grandes místicos sufis, criadores das próprias tarigas, seguidas por seus discípulos até hoje. O andaluz ibn Arabi (+1240) é considerado um dos maiores de todos os tempos. O sufi turco Jalal-al-Din Rumi (+1273) vem logo em seguida.

O sufismo tem sido também um grande estímulo para a poesia e a literatura. O *Mathnavi* de Rumi, repleto de parábolas e histórias, é muito lido por muçulmanos de todas as partes. A grande poesia persa e urdu origina-se igualmente do sufismo, como pode ser visto na obra de Omar Khayan (+1124), Sadi (+1292), Hafiz (+1390) e, mais recentemente, Muhammad Iqbal (+1938).

Puritanos e reformistas

Além dessas amplas divisões, há também diferenças de percepção relacionadas diretamente com a crença. Os puritanos, por exemplo, acreditam que o islamismo não deveria aceitar nenhuma mudança: deveria ser praticado, implementado, até mesmo imposto à sociedade do mesmo modo como existia durante sua fase de formação. O termo puritano para mudança é *bida* (literalmente, "inovação"), vista não só como má, mas como algo proibido.

O essencial da crença fundamentalista radical é que islamismo e Estado são inseparáveis. Desse modo, procuram fundar "Estados islâmicos" governados pelo direito islâmico e por eruditos religiosos. Os fundamentalistas também acreditam que o Ocidente em geral — e os EUA em particular — são inimigos intrínsecos do islã. Nas palavras do aiatolá Khomeini, os EUA são o "Grande Satã".

Ironicamente, os fundamentalistas de hoje são os herdeiros dos reformistas dos últimos séculos, entre os quais um dos primeiros foi Muhammad bin Abdul Wahhab (1703-1787), criador do ramo wahhabi do islamismo. Ele era puritano e contrário a todas as formas de inovação, desejava que o islamismo retornasse à pureza da época de Maomé e dos califas probos, e insistia na observação estrita dos deveres religiosos. Muitos fundamentalistas são wahhabis.

Entretanto, nem todos os reformistas são puritanos. Na Índia, o contemporâneo de Abdul Wahhab, Shah Waliullah (1703-1763), seguiu uma rota diferente para a reforma. Sendo sufi, promoveu uma interpretação mais espiritual do islamismo, combinando misticismo com justiça social e acreditando que todo o sistema islã precisava ser repensado dentro de um espírito de indagação. Os seguidores dessa tradição poderiam agora ser descritos como "liberais".

A crença de que o islamismo precisa sofrer reformas políticas, sociais e culturais, como observei anteriormente, existe desde a época pré-colonial, e já houve diversos movimentos nesse intuito. No Sudão, Muhammad ibn Sayyid Abd Allah (1844-1885), mais conhecido como o Mahdi do Sudão, liderou uma rebelião contra os britânicos. Sayyid Muhammad bin Ali as-Sanusi (1791-1859) fundou o movimento sanusi na Líbia, que pregava uma mistura eclética de puritanismo wahhabi e pensamento sufi esotérico, além de encabeçar uma resistência à expansão europeia. Na Nigéria, Usman Dan Fodio (+1817) liderou um movimento reformista célebre por seu liberalismo e sua ênfase na justiça social. Instaurou o califado Socoto, que veio a ser a espinha dorsal da resistência contra os britânicos e os franceses.

No início do século XX, os movimentos reformistas adquiriram dimensão internacional, e a ênfase passou a ser a reforma pan-islâmica — significando uma transformação social, econômica, cultural, intelectual e religiosa por todo o mundo muçulmano. A luz-guia foi Jamal al-Din al-Afghani (1838-1897), um intelectual cuja crença era de que os muçulmanos deviam se engajar com a modernidade e aprender com o Ocidente. Uniu forças com Muhammad Abduh (1849-1905), o *mufti* do Egito, e publicaram uma revista intelectual, *Al-Urwa Al-Wuthqa* ("O laço firme"), que se tornou altamente influente no mundo árabe.

Durante a segunda metade do século XX, a agenda reformista foi dominada por duas organizações de massa: a Irmandade Muçulmana do Egito e o Jamaat-e-Islami do Paquistão. Syed Qutb (1906-1966), o principal ideólogo da Irmandade, foi aprisionado, torturado e finalmente executado pelo regime de Jamal Abdel Nasser. Quase no fim da vida, passou a acreditar na necessidade de uma revolta armada contra o Estado. Abu Ala Maududi (1903-1979), fundador do Jamaat, era a favor da democracia como rota para a instauração de um "Estado islâmico". Ambos acreditavam na importância da tradição imutável e propunham uma interpretação puritana do islamismo.

O Jamaat-e-Islami e a Irmandade Muçulmana tornaram-se a espinha dorsal do que veio a ser conhecido como "movimento islâmico", exercendo enorme influência sobre os muçulmanos de orientação política de todo o mundo, do Sudão e Egito a Bangladesh e Indonésia, assim como sobre as minorias muçulmanas da Europa e da América. O movimento islâmico trabalhou para criar Estados islâmicos, onde religião e Estado fossem uma só coisa sob a rubrica geral da Shariah. O Jamaat-e-Islami teve como foco de seu implacável trabalho o Paquistão e Bangladesh, enquanto a Irmandade Muçulmana buscou transformações similares no Egito, no Sudão e em outras partes do Oriente Médio. Enquanto a maioria dos que apoiavam os objetivos do movimento islâmico se contentava em lutar suas batalhas pelos meios democráticos, uma minoria optou pela violência. Grande parte dos grupos muçulmanos radicais foi inspirada, de uma ou outra forma, pelo movimento islâmico.

Todavia puritanos e seguidores do movimento islâmico são uma minoria decrescente, uma vez que a maioria dos muçulmanos acredita que o islamismo é um sistema aberto, o "caminho do meio" que se esquiva de todo o tipo de fanatismo extremo, ao qual pluralismo e diversidade são intrínsecos. Essa é a maioria silenciosa, moderada.

Independente da variedade, todos os muçulmanos — sunitas, xiitas, sufis, puritanos e moderados — devem cumprir certos deveres de sua fé ao longo da vida.

6

O que fazem os muçulmanos?

Todos os muçulmanos têm quatro obrigações: fazer as orações diárias, jejuar durante o mês islâmico do Ramadã, doar regularmente uma quantia de sua renda aos pobres e necessitados e fazer, pelo menos uma vez, a peregrinação a Meca, caso tenham disponibilidade financeira para tal. Coletivamente, esses deveres são conhecidos como os pilares do islamismo.

Oração

A oração tem um significado muito importante no islamismo: é tanto o primeiro passo quanto o mais alto grau de perfeição espiritual; é tanto um meio de nivelar as diferenças (de posto, classe, cor e nacionalidade) quanto um método de adquirir humildade, amor, retidão moral e solidariedade humana. O termo técnico para oração é *salah*, que denota um conjunto de atos internos e externos realizados por meio da prece, incluindo abluções, intenção de recitar a prece, pedido por graça e perdão, récita dos versículos do Alcorão e movimentos físicos apropriados.

A salah busca concentrar a atenção numa única meta: a percepção da presença divina. A posição de pé com que a oração se inicia, a inclinação, o ajoelhar-se com a cabeça no chão e a posição sentada em reverência, tudo ajuda a perceber o fato da presença de Deus. O devoto fica concentrado e não volta sua atenção para nada mais: é uma meditação imperturbável no Divino. Por isso, a salah não é acompanhada por música, mas pela recitação do Alcorão, as palavras divinas.

Segundo a prática do Profeta, a oração é feita cinco vezes por dia, em horários específicos:

1. *fajr*, a oração da manhã, feita após a alvorada e antes que o sol apareça;
2. *zuhr*, a oração do início da tarde, feita após o meio-dia até o fim da tarde;
3. *asr*, a oração do fim da tarde, feita no fim da tarde até antes do pôr do sol;
4. *maghrib*, a oração do crepúsculo, feita logo após o sol se pôr;

5. *Isha*, a oração noturna, feita até a meia-noite ou o alvorecer.

Cada oração tem dois componentes: a parte obrigatória (*fard*), que deve ser feita em congregação, preferencialmente numa mesquita; e a parte individual (suna), que é feita a sós, mesmo na mesquita. Em congregação, os devotos seguem a liderança do imã — pode ser qualquer um que escolhe as partes do Alcorão a serem recitadas. A congregação enfatiza tanto a comunhão do homem com Deus quanto a união espiritual e a solidariedade dos homens entre si. Durante a oração particular, a escolha dos versículos do Alcorão para récita é pessoal. Desse modo, através da oração, os muçulmanos renovam constantemente sua fé e procuram alcançar uma vida espiritual enriquecida.

Jejum

Enquanto a oração é um hábito diário, jejuar durante o mês do Ramadã é um ritual anual. O jejum é um exercício espiritual sublime, que no islamismo não significa penitência, mas autoafirmação e autocontrole cujas principais funções são incutir a disciplina espiritual, desenvolver uma valorização das dores físicas da fome e moldar uma percepção sobre a manutenção da dignidade humana. Jejuar é uma forma de viajar; e os que jejuam viajam para alcançar uma proximidade com Deus.

Alcançando uma dimensão pessoal e social, o jejum ensina o indivíduo a estar preparado para sofrer privações e passar por adversidades, em vez de ceder às tentações. Essa lição se repete dia após dia durante o Ramadã, enquanto o indivíduo se abstém não apenas de comida, bebida e sexo, mas de todos os pensamentos e atos imorais. Assim como o exercício físico fortalece o corpo, o exercício moral imposto pelo jejum fortifica a determinação de controle dos desejos, permitindo que aquela pessoa consiga atingir a verdadeira grandeza espiritual e moral.

Socialmente, ricos e pobres ficam no mesmo nível; em sua existência particular, ambos passam pela mesma dificuldade e devem sair durante o mês do Ramadã para fazer o bem à humanidade. Na tradição islâmica, as portas do céu ficam abertas durante o Ramadã, o mês em que o Alcorão foi revelado. Por isso, durante todo o mês, os muçulmanos fazem orações extras e todo o Alcorão é recitado, do início ao fim.

Vale a pena lembrar que o calendário islâmico é lunar. Os meses são determinados pelas posições da Lua, tendo 29 ou 30 dias de duração. Assim, o ano muçulmano é mais curto que o gregoriano em cerca de 11 dias e, portanto, o mês de Ramadã pode ocorrer em diferentes estações. Em um ciclo de 33 anos, os meses islâmicos dão uma volta completa e tornam a cair na mesma estação. Desse modo, as vantagens ou desvantagens de jejuar durante determinada estação são distribuídas igualmente por todo o mundo muçulmano.

MESES DO CALENDÁRIO MUÇULMANO

Muharram
Safar
Rabee' al-Awwal
Rabee' al-Thani
Jumanda al-Oola
Jumanda al-Thaniyah
Rajab
Sha'ban
Ramadã
Shawwal
Dhul-Qa'dah
Dhul-Hijjah

Zakat

Geralmente é no mês do Ramadã que os muçulmanos pagam seu "imposto" anual obrigatório para os pobres, ou zakat. A palavra zakat tem a conotação de crescimento e purificação e sua doação permite que os muçulmanos purifiquem sua renda e ordenados, além de plantarem uma semente para o crescimento de sua riqueza. Não se trata de uma "caridade" — no sentido de ser dado aos pobres porque esses pediram — mas de algo que os pobres e necessitados têm *direito* de receber dos mais afortunados.

Os muçulmanos são estimulados a fazer o máximo de caridade, *sadaqah*, que puderem. É uma questão de consciência — e podem escolher não fazer — ao contrário do zakat, que constitui um dever e não pode ser omitido. O islamismo insiste em que a riqueza deve não só ser adquirida através de meios morais e legítimos, como também ser compartilhada com os outros, e o Alcorão chega a descrever o zakat como a essência da religião. Num pequeno capítulo intitulado "Os obséquios", o Alcorão pergunta: "Quem nega a religião?" A resposta: "É quem deixa de lado os órfãos e não estimula os demais a alimentar os necessitados. Ai, pois, dos praticantes das orações que são negligentes, que as fazem por ostentação, negando-se, contudo, a prestar obséquios." (107:1-7)

Normalmente o zakat é pago numa relação de 2,5% sobre todos os bens líquidos e fixos, incluindo propriedades, joias, poupanças, ações, títulos ou produção agrícola. Não importa se o dono é adulto ou menor, homem ou mulher, ou até mesmo vivo ou morto. A herança que uma pessoa deixa deve pagar o zakat antes mesmo que os credores possam executar qualquer cobrança pendente. Todavia não se trata de um imposto indiscriminado: não é arrecadado sobre nada planejado para o consumo nem sobre um negócio em prejuízo. Numa última análise, é um ato de devoção e um exercício de realização espiritual.

Hajj

Hajj, ou peregrinação a Meca, é a quarta obrigação de um muçulmano. Pelo menos uma vez na vida, aqueles que possuem meios financeiros devem cumprir a hajj, que é feita durante o décimo segundo mês — Dhul Hijjah — do calendário islâmico, entre os dias 8 e 13.

O termo significa "esforço", pois a peregrinação requer desgaste físico e espiritual. Normalmente, as pessoas a fazem na maturidade avançada, mas minha experiência sugere que a melhor época é quando se está na plenitude da vida, uma vez que há necessidade de muita caminhada, correria, noites ao relento e adaptação a um estado geral de confusão, fatores direcionados para o perder-se em Deus, a superação do ego, o esquecer de si próprio a ponto de uma rendição total a Deus, seja nas horas de vigília ou de repouso e quietude. Devido a esses sacrifícios, a hajj é considerada o "esforço supremo" de uma vida.

O processo inicia-se com a colocação do *ihram*: dois pedaços de tecido branco sem costuras para os homens e um vestido branco simples para as mulheres. A vestimenta leva os peregrinos a um estado de graça; daí em diante eles não devem ferir ou abusar de ninguém, nem mesmo um inseto; fazer qualquer coisa que seja desonesto ou arrogante; usar perfume, joias ou ocupar-se de atividade sexual. A única coisa que podem fazer é rezar; e rezam constantemente:

> Qual é Vossa ordem? Eis-me aqui, ó Deus.
> Qual é Vossa ordem? Eis-me aqui, ó Deus.
> Não tendes parceiro, aqui estou.
>
> Certamente, louvor e bênçãos são Vossos, e Domínio.
> Não tendes parceiro.

Uma vez com o ihram, os peregrinos seguem seu caminho até a Caaba, na Sagrada Mesquita de Meca. Visitar a Caaba é uma experiência profunda, formidável, para qualquer muçulmano. Mesmo tendo visitado uma série de vezes, sempre tenho os mesmos sentimentos: emoção, medo e tremor, reverência e humildade. Fisicamente, a Caaba não é muito imponente: trata-se de uma grande estrutura cúbica coberta por um pano preto. É o seu significado simbólico que inspira os devotos, pois trata-se do principal foco do mundo muçulmano, para onde todos se voltam ao rezar. É um símbolo da unidade e solidariedade muçulmana. Mas, acima de tudo, a Caaba representa a ligação direta dos muçulmanos com os primórdios do islã e com a vida do profeta Maomé. Dessa forma não é apenas uma localidade e estrutura física: é o Começo, o Passado, o Presente e o Eterno de um muçulmano. Qualquer um que se poste diante da Caaba sente isso e é profundamente tocado pela experiência.

Os peregrinos realizam o ritual de dar sete voltas em torno da Caaba. E rezam:

Ó Deus, verdadeiramente busco refúgio em Vós.
Da dúvida, idolatria e discórdia,
E hipocrisia e imoralidade,
E do mau-olhado.

E da perversão que é a devoção
Às coisas mundanas:
Riqueza, família ou descendência.

Ó Deus, verdadeiramente peço que estejais satisfeito
Comigo, e me conceda o paraíso
E em Vós me refugio.
Do Vosso desprazer e do Fogo.

Ó Deus, verdadeiramente busco refúgio em Vós.
Do exame no túmulo.
E em Vós me refugio
Das provações da vida
E da morte.

Após as voltas em torno da Caaba, os peregrinos iniciam uma série de rituais baseados em movimentos. Enquanto o foco da atenção na Caaba é Deus, o centro da dramatização volta-se, nesse momento, para os humanos. Os peregrinos mudam-se para outra parte da Mesquita Sagrada, onde correm sete vezes entre os morros de Safa e Marwah, através de um longo corredor de mármore com cerca de 500 metros de distância. Os peregrinos caminham rapidamente entre os morros, representando a desesperada busca por água de Hagar, a esposa do profeta

Ibrahim, e a perpétua busca da alma humana pela essência da tranquilidade espiritual.

Da Mesquita Sagrada, os peregrinos viajam alguns quilômetros até o vale de Muna, onde passam a noite do oitavo dia de Dhul-Hijjah. Na manhã seguinte entram na planície de Arafat e passam as horas supremas da hajj. Assim que o sol passa pelo meridiano, dois milhões de peregrinos postam-se unidos e rezam como nunca rezaram antes. De norte a sul, leste a oeste, tão longe quanto a vista alcança, fila após fila de peregrinos, de todas as raças, cores e classes, todos vestidos de branco, inclinam-se em sincronia e prostram-se harmoniosamente. Movimentam-se e rezam como uma congregação, mas a experiência geral é individual. Sou eu e o meu Deus, frente a frente, me direciono a Ele simples e diretamente. "Vós", eu começo:

> Salvador do afogado!
> Salvador do perdido!
> Testemunha de cada pensamento secreto!
> Fim de todas as lamentações!
> Vós, cuja benevolência não tem começo nem fim!
> Vós, cuja bondade é eterna!
> Vós, de Quem todas as coisas carecem!
> E sem Quem nada existe!

Vós, ó Deus, Que provedes para todos —
E a Quem tudo retorna!
Vós, a Quem as mãos dos que suplicam se erguem,
E por Quem os devotos anseiam!
Eu Vos peço que nos colocais sob Vossa proteção,
E generosidade,
E refúgio,
E abrigo,
E segurança.

Os peregrinos ficam em Arafat até o pôr do sol. Logo depois, se inicia o êxodo em massa para os campos áridos de Muzdalifah, onde os peregrinos passam a noite ao relento. Na manhã seguinte retornam a Muna e lá ficam por três dias e simbolicamente apedrejam os "demônios": trata-se de três pilares de alvenaria nos quais os peregrinos jogam pequenos seixos como gesto simbólico de expulsão do "demônio interno".

A hajj chega ao fim com um banho ritual, corte ou apara de cabelos e a distribuição da carne sacrifical, ou o equivalente em dinheiro, aos pobres. No décimo dia de Dhul-Hijjah, os muçulmanos de todo o mundo reúnem-se aos peregrinos em Meca para celebrar o final da hajj.

DATAS IMPORTANTES NO CALENDÁRIO MUÇULMANO

A hégira, migração do Profeta de Meca para Medina, que cai na noite do dia primeiro do mês de Muharram.
O aniversário do Profeta, que cai na noite do dia 12 do mês de Rabee' al-Awwal.
Eidul-Fitr, a celebração do fim do Ramadã, que cai no dia primeiro do mês de Shawwal.
Eidul-Adha, o dia do Arafat, o principal evento da hajj, que cai no dia 10 do mês de Dhul-Hijjah.

Além dos quatro pilares, o *jihad* também é visto como uma das obrigações principais de um muçulmano.

Jihad

O termo jihad costuma ser traduzido como "guerra santa", em um reducionismo perverso de um conceito altamente espiritual, intelectual e social. Pior: em alguns círculos muçulmanos passou a significar guerras baseadas em qualquer método, inclusive no terrorismo. Nada poderia estar mais distante da essência de jihad, que significa "empenho", "tentar o máximo de si".

Perguntou-se a Maomé: "Quem é o mais excelente de todos?" Ele respondeu: "O fiel que se empenha no caminho de Alá com sua pessoa e propriedade."

Na verdade, segundo o Profeta, há quatro tipos de luta com que os muçulmanos devem se ocupar. O mais elevado e melhor jihad é aquele consigo mesmo, a luta com o próprio ego, seguido pela luta com a própria riqueza e intelecto. Esses jihads são um processo contínuo. A luta contra a própria ganância, más intenções e luxúria é constante; lutar contra a injustiça econômica por meio da filantropia é um exercício eterno. Da mesma forma, o jihad intelectual, postar-se pela verdade e justiça, é uma exigência infinita num mundo tão injusto. "Um participante da minha comunidade", declarou o Profeta certa vez, "nunca deve cessar de lutar pela verdade".

O quarto e último jihad é a luta armada, que se realiza somente quando todos os outros métodos fracassam. Um jihad nunca pode tomar a forma de agressão; na verdade, o Alcorão proíbe-a explicitamente. Há regras rígidas a serem seguidas antes que se declare o jihad. Por exemplo, ele não pode ser declarado entre grupos de muçulmanos, nem de forma unilateral, e deve se basear no consenso de toda a comunidade, alcançado após vastos debates e discussões.

Além disso, o jihad não pode se realizar através de quaisquer meios, devendo seguir estritas regras islâmicas, como a proibição de matar mulheres, crianças, idosos e não combatentes e de destruir casas, gado, árvores, vida selvagem e o meio ambiente. No que concerne a sequestros e atos de terrorismo que matam pessoas inocentes, fica explícita uma violação contra todos os princípios do islã.

O fato de a luta armada desempenhar um papel bastante pequeno no jihad é bem ilustrado por um dos ditos do profeta Maomé. Certa vez, ele perguntou a um grupo: "Quem vocês considerariam um mártir?" O grupo respondeu: "Ó mensageiro de Alá, qualquer um que for morto lutando no caminho de Alá é um mártir." O Profeta respondeu: "Nesse caso, os mártires da minha comunidade deverão ser muito poucos. Aquele que morre no caminho de Alá é um mártir. Aquele que morre uma morte natural no caminho de Alá é um mártir. Aquele que morre vítima da praga no caminho de Alá é um mártir. Aquele que morre de cólera no caminho de Alá é um mártir." Em outras palavras, o caminho para o paraíso é levar uma vida altruísta, espiritual e dedicada a boas obras.

Halal e haram

O que caracteriza um bom ato? O profeta Maomé disse: "O mundo e todas as suas coisas são valiosas." Os bons atos consistem em manter o "valor" do mundo. Mas, é claro, o mundo não fica parado. Então os bons atos incorporam a ideia de seguir adiante sem prejudicar o mundo de modo espiritual, físico, social, cultural e político. O termo islâmico para justiça, *adl*, inclui a noção de deslocamento: uma pessoa ou coisa que esteja deslocada (ou marginalizada) não está em estado de adl, que requer que seja conferido o valor devido e o estado de harmonia e graça às pessoas e às coisas, a tudo que esteja no mundo. É aqui que entram as noções de halal e haram.

O significado literal de halal é "permitido" ou "digno de louvor", e o de haram é "proibido" ou "digno de censura". O termo halal passou a ser associado com a carne halal, o modo como os animais são abatidos para o consumo nas comunidades muçulmanas. O conceito, porém, é muito mais amplo: implica um comportamento que acentue o valor do que se está fazendo, que tenha o devido respeito para consigo mesmo e com os demais, dando o merecido à comunidade e à sociedade; ou seja, promovendo adl pelos bons atos. No islamismo, todos os modos de conhecer, ser e fazer que acentuem o valor da vida e do mundo material, que promovam justiça e igualdade, são tratados como halal. Fora dessa estrutura ética, onde houver o perigo de autoabuso, ameaça à vida e ao ambiente e a disseminação da injustiça, da desigualdade e da opressão, está o território do haram, ou do proibido.

Como a maioria das religiões, o islamismo proíbe assassinatos, estupros, adultérios, incestos e roubos. Mas, diferentemente da maioria delas, a usura (que inclui ganho de juros) e o álcool (há mais mal do que bem nele, diz o Alcorão) também são considerados haram. Certos elementos haram tornam-se halal em circunstâncias específicas: a pessoa pode comer carniça, algo estritamente proibido, se estiver a ponto de morrer de fome; e o álcool é permitido caso se esteja morrendo de sede e não haja outra bebida disponível. Entretanto, a lista de coisas proibidas é bastante curta; e o que não é proibido costuma ser permitido.

Há um problema, porém. Além da injunção geral de se ocupar com bons atos, os muçulmanos, como indivíduos e comunidades, devem descobrir por si mesmos o que é halal. Assim, o desafio constante para o povo muçulmano é mapear o território halal mais adequado para sua época, descobrir o que de fato acentua o valor da vida e do mundo. A clonagem humana é halal ou haram? Podemos considerar a globalização como halal e, portanto, uma tendência digna de louvor? Quando será que algo halal acaba se tornando destrutivo e deve ser considerado haram? Os muçulmanos, que devem tomar essas decisões por consenso, precisam constantemente enfrentar tais questões.

O véu é mesmo necessário?

Uma questão particular que se tornou alvo de controvérsia no islamismo contemporâneo é o uso do véu. Muitos muçulmanos acreditam que é absolutamente essencial que as mulheres andem cobertas. Para alguns grupos, especialmente os tradicionalistas e puritanos, chega a ser uma crença cardeal. Todavia, como já mostraram as modernas muçulmanas eruditas, o véu é um costume das classes altas pré-islâmicas que foi adotado pela sociedade muçulmana.

A questão do véu articula-se em torno dos famosos versículos de recato do Alcorão: "Dize aos homens fiéis que baixem seus olhares e conservem o recato: que é mais puro para eles. E dize às mulheres fiéis que elas devem baixar seus olhares e conservarem o recato, e que não mostrem seus atrativos, além dos que (normalmente) aparecem; que cubram seu colo com o véu..." (24:30-31) Sem dúvida, os versículos pedem aos homens e às mulheres que observem o recato, mas lhes foi dada uma interpretação patriarcal que deposita toda a carga sobre a mulher. Pior: o "recato" foi interpretado como significando que a mulher deveria cobrir-se da cabeça aos pés e ficar completamente oculta.

À época de Maomé, as mulheres andavam livremente na sociedade. Rezavam com os homens na mesquita, guiavam as orações e desempenhavam papel de liderança na vida pública. Foi o califa Omar quem instituiu orações separadas, baniu imãs femininas e insistiu que as mulheres se cobrissem. Seu sucessor, Osman, revogou diversas dessas injunções, mas o véu sobreviveu como componente integral do islamismo tradicional, ortodoxo. Eu o vejo como uma perversão da natureza essencialmente igualitária do islamismo.

Esses, portanto, são alguns exemplos do que os muçulmanos fazem e pensam. Porém, além da observância dos pilares do islamismo, da luta do jihad e do delineamento do que é halal e haram, há um desafio maior: urge que os fiéis busquem paz e justiça aplicando os princípios do islamismo em suas comunidades e sociedade em geral.

7

Como se aplica o islamismo?

O islamismo é uma fé altamente social e política. Como tenho tentado demonstrar, os muçulmanos devem buscar instrução e conhecimento e promover justiça, igualdade e paz em todas as oportunidades, tomando o partido dos oprimidos e marginalizados. Praticar o islamismo é fazer a ciência e a filosofia avançarem. Mas o modo como se procura aplicar essa fé na vida diária e na sociedade depende muito de quem a pessoa é verdadeiramente.

Muitos muçulmanos pensam que a aplicação do islamismo se resume em institucionalizar a Shariah. De fato, desde a década de 1950 — quando muitos países muçulmanos conquistaram a independência — ela está no topo da agenda política. Porém, nos locais onde se instaurou como direito estatal, não levou à justiça e à igualdade, mas sim à opressão e à desigualdade. Em países como a Arábia Saudita e o

Paquistão, a Shariah tem sido utilizada para justificar despotismo, repressão à liberdade de expressão e abuso criminoso do poder.

Essa situação em muito se deve ao esvaziamento do conteúdo ético e moral da Shariah, que foi reduzida não só à "lei", mas a um pequeno número de preceitos legais, relacionados a crime, punição e regulação do comportamento social — os vários aspectos da Shariah alicerçados em interpretações medievais. Portanto, instaurar a Shariah simplesmente significa impor leis que dizem respeito à pena de morte, ao isolamento das mulheres e ao banimento de todas as formas de entretenimento.

Alguns muçulmanos acreditam que o único modo de aplicar o islamismo no mundo moderno é por meio da instituição de um Estado islâmico. Esse é o objetivo específico daqueles que seguem vários movimentos islâmicos, como a Irmandade Muçulmana do Egito e o Jamaat-e-Islami do Paquistão, e veem Islamismo e Estado como uma única entidade, ligados pelo direito estatal, a Shariah, e dominados por eruditos religiosos. Entretanto, quando religião, Estado e direito tornam-se um só, o islamismo deixa de ser islamismo: transforma-se de fé centrada em Deus, um modo de vida e pensamento enraizados no conhecimento e na ação, numa ordem totalitária que submete todas as situações humanas à arbitragem do Estado. Quando essa fé se transforma numa ideologia exclusivista, o sagrado é politizado e a política é sacralizada, tudo se funde numa uniformidade quase fascista. É por essa razão que todos os "Estados islâmicos" modernos, como o Irã e o Sudão, possuem uma natureza totalitária e monolítica.

Durante a fase de formação da história islâmica, as comunidades muçulmanas não eram excessivamente interessadas na Shariah. Esse interesse surgiu muito mais tarde, em torno do século XV, e bem recentemente tornou-se uma obsessão. A civilização muçulmana clássica, porém, procurava aplicar o islamismo através de seus conceitos primordiais.

Conceitos essenciais do islamismo

A orientação transmitida pelo Alcorão e pela Suna, e até pela Shariah, alicerça-se em certas ideias e valores, que estruturam a visão de mundo do islamismo e constituem os blocos de construção da cultura e da civilização.

A noção fundamental da visão de mundo islâmica é o *tawhid*, que costuma ser traduzido como "a Unidade de Deus", mas significa também a unidade da humanidade e a das pessoas com a natureza. Segundo o islamismo, o mundo é interligado e existe em simbiose.

Tawhid está intimamente ligado ao conceito de califa — ou seja, "representante" —, e homens e mulheres são descritos pelo islamismo como representantes de Deus. A criação é um monopólio de Deus, e todos nós, como indivíduos e comunidades, somos responsáveis por cuidar dela até o momento em que esse bem deva retornar a seu legítimo dono.

Assim, segundo o islamismo, o Universo é uma unidade emanante de uma única vontade, do qual cada ser humano faz parte, depende e relaciona-se a todas as outras partes. Dessa forma, como os homens e o Universo fazem parte de uma contínua unidade, este não pode ser hostil à vida ou à humanidade, nem a natureza pode ser antagônica em relação à humanidade. Ela é, antes, uma amiga, cujos propósitos são os mesmos que os da vida e da humanidade; nossa tarefa não é lutar contra ela nem procurar dominá-la, pois nos criamos em seu seio e juntos formamos uma parte do Universo único que procede da vontade única. Vivemos, portanto, num ambiente amigável que devemos respeitar e cuidar.

As noções de tawhid e califa estão combinadas com uma corrente de outros conceitos e valores para produzir uma estrutura ética integrada. As responsabilidades do representante, por exemplo, são cumpridas com base em dois outros conceitos frequentemente mencionados no Alcorão: adl, ou justiça social, e *ilm*, ou conhecimento. A ideia dos muçulmanos, de serem os administradores da Criação divina, precisa ser baseada no conhecimento, e a única função de todos os seus atos como representantes de Deus é promover a justiça por toda parte. Todavia as noções de adl e ilm também estão sujeitas a outros critérios éticos. Justiça e erudição devem ser buscados com base na ijma (consenso comunitário), shura (consulta) e istislah (interesse público), e os muçulmanos nunca devem esquecer que Deus exige explicações não só no mundo vindouro — akhira —, como também no aqui e agora.

Vejamos brevemente como esses conceitos foram aplicados na história islâmica, como a ênfase a eles conferida impeliu a civilização muçulmana a seu apogeu.

Aplicação do islamismo na história

Vejam o exemplo do califa omíada Omar bin Abdul Aziz (681-720). Na época em que se tornou califa, o islamismo havia se disseminado até o norte da África e o Irã. Ele se via como um representante do Estado que governava e insistia em consultar seu povo: durante seu curto governo de três anos, baseou suas políticas no interesse público. Levava uma existência muito austera, enfatizava a moderação e estava constantemente preocupado com questões de igualdade e justiça social. Certa vez sua mulher o encontrou chorando. "O que há?", ela perguntou. Ele respondeu: "Fui elevado ao posto de governar os muçulmanos e as minorias. Estava pensando nos pobres que sofrem, nos doentes que nada têm, nos despidos que estão aflitos, nas vítimas da opressão, nos estrangeiros aprisionados, nos idosos veneráveis, naqueles que têm famílias grandes e poucos meios, e senti que Deus me pediria uma explicação a respeito daqueles que estão em minhas mãos no Dia do Juízo e temi não poder me defender. Então eu chorei."

O período abássida, que costuma ser considerado a idade de ouro do islamismo, nos proporciona uma série de outros exemplos da verdadeira aplicação do islã. O celebrado califa Harum al-Rashid (786-809) igualava a religião não ao Estado, mas ao conhecimento. Homem erudito, amante das ciências e das artes, da poesia e da cultura, ele tinha filósofos e cientistas em alta consideração. Sua preocupação pelo interesse público o levou a construir escolas e faculdades, hospitais e dispensários, além de uma série de estradas, pontes e canais. Fundou a Khizamat al-Hikmah — a "Biblioteca da Sabedoria" —, e as bibliotecas públicas, gratuitas e abertas para todos os cidadãos tornaram-se uma característica comum das grandes cidades do califado abássida.

Seu filho, al-Mamun (813-833), era ainda mais culto que o pai. Declarava que a verdadeira felicidade dos muçulmanos consiste em educação e cultura, então gastava a maior parte de suas energias promovendo ciência e erudição. Iniciou um movimento maciço de traduções para o árabe de obras gregas e outras sobre filosofia, ciência e medicina. Na sequência, em 830, fundou a famosa Bait al-Hikmah, a "Casa da Sabedoria", em Bagdá. A academia contava com um grupo de eminentes cientistas e tradutores, além de copistas e encadernadores. Entre seus funcionários destacam-se o cristão nestoriano Hunayn bin Ishaq e o sabeísta Thabit ibn Qurrah, tendo ambos ganhado fama como tradutores e eruditos eminentes. Al-Mamun mantinha discussões regulares sobre tópicos literários, científicos e filosóficos em sua corte. Às terças-feiras, eruditos de todo o império, não importando credo ou raça, lá se reuniam para debaterem entre si e com o califa. Fé cega e teologia autoritária, ele anunciava, são piores que traição.

A ênfase na implementação de conceitos, no lugar de uma forma reduzida da Shariah, revela o islamismo como um sistema aberto, em teoria. Na verdade, é somente dessa forma que ele pode realmente ser aplicado no mundo contemporâneo. Embora sua estrutura ética esteja instaurada, o conteúdo sobre o que constitui o islamismo na era moderna não está estabelecido e deve ser discutido. O Alcorão apresenta o islamismo na forma de uma discussão: está sempre levantando questões — filosóficas, sociais, teológicas — que precisam ser discutidas.

Um dos mais renomados teólogos foi Abu Hamid al-Ghazzali (+1111). Professor da Academia Nizamiyyah de Bagdá, ele passou por uma prematura crise espiritual, que o levou à conclusão de que a religião não poderia ser comprovada nem refutada. "Ninguém crê, a não ser que tenha duvidado", ele declarava. Al-Ghazzali defendia que a filosofia por si mesma não levava à felicidade, e que esta exigia que os muçulmanos repensassem sua religião. Em consequência, escreveu sua obra monumental, cujo título pode ser traduzido como "O renascimento do conhecimento religioso no islã", e que apresenta o islamismo numa estrutura moderna para a época. Com sua síntese de buscas intelectuais e assuntos religiosos, o livro teve tremendo impacto sobre a civilização muçulmana. Mais tarde, ele lançou um grande ataque à filosofia em *A incoerência dos filósofos*.

No islamismo clássico, os teólogos constantemente discutem com os filósofos sobre a natureza desta religião e o significado de uma vida boa e justa. Desse modo, o ataque de al-Ghazzali à filosofia não passou despercebido: foi respondido por ibn Rushd (+1198), conhecido no Ocidente como Averróis. Nascido em Córdoba, Averróis é considerado um dos maiores filósofos de todos os tempos. *A incoerência da incoerência*, uma refutação ponto a ponto dos argumentos de al-Ghazzali, é uma defesa verdadeiramente magnífica do racionalismo.

No que se constitui uma sociedade islâmica? Essa era uma questão de grande relevância entre filósofos e teólogos. Al-Farabi (+950), o filósofo que apresentou Platão e Aristóteles ao islamismo, buscou uma síntese entre este e a filosofia grega. Ele afirmava que embora a verdade e, portanto, o conhecimento de Deus, possa ser alcançada pela razão, precisamos também da estrutura moral do tawhid para alcançar a verdadeira felicidade. Sua obra, *O estado perfeito*, apresenta um compêndio das ideias platônicas e da teologia islâmica.

O amigo e contemporâneo de Averróis, ibn Tufail (+1185), defendia que apenas o conhecimento poderia ser um verdadeiro guia para a implantação de uma sociedade islâmica e que deveríamos permitir que o conhecimento nos leve para onde quer que seja. Ibn Tufail, que serviu como vizir na corte almôada em Granada, era um campeão da evolução. Em seu romance filosófico *A vida de Hayy*, o protagonista é "gerado espontaneamente" numa ilha deserta, aprende a sobreviver através de observação e inferência, chegando ao tawhid pela dedução racional. O romance foi traduzido para o latim, inspirando a obra de Daniel Defoe *Robinson Crusoé*.

Os filósofos muçulmanos trouxeram os preceitos morais e éticos da religião para seus estudos. Por exemplo, Avicena (+1037), um dos verdadeiramente grandes filósofos do mundo, escreveu sob o efeito de venenos, mas considerava as experiências com tais substâncias antiéticas. "Minha ciência me permite a produção de venenos, mas minha religião não permite seu uso", ele dizia. Como a maioria dos filósofos e eruditos do islã, Avicena era um polímata: escreveu sobre psicologia, geologia, matemática, astronomia e lógica. Sua imensa obra enciclopédica, o *Kitab al-Shifa* (*O livro da cura*), lida com esses e muitos outros assuntos. Seu tratado médico colossal, *Cânones da medicina*, foi texto padrão, tanto no mundo muçulmano como na Europa, por mais de 600 anos.

EM QUE ACREDITAM OS MUÇULMANOS?

Os cientistas do islamismo clássico ficaram profundamente motivados com a ideia de interesse público, noções de representação e justiça social. Ao mesmo tempo que buscavam o conhecimento por simples amor a ele, estavam também preocupados com sua função social, e por isso eram obcecados com classificações. A maioria dos eruditos muçulmanos, de teólogos a cientistas e historiadores, produzia sua classificação do conhecimento. As de al-Kindi (+870), al-Ghazzali e Fakhr al-Din al-Razi (1149-1209) tentavam diferençar o conhecimento essencial à sobrevivência da comunidade (por exemplo, medicina e astronomia) de buscas meramente triviais (por exemplo, astrologia).

Essa preocupação com o interesse público e a justiça social levou os cientistas muçulmanos a concentrarem-se inicialmente na evolução de conhecimentos que servissem à comunidade, por isso a maioria das obras iniciais era sobre matemática e astronomia. Ambas tinham relação direta com a sociedade muçulmana: a astronomia era necessária para observar a lua nova, como ferramenta de navegação para os peregrinos que iam a Meca e para determinar o tempo das orações; a matemática era essencial para implementar as leis de herança, para promover o comércio e como ferramenta para a astronomia.

A álgebra foi desenvolvida por al-Khawarizmi (+840) com o intuito de auxiliar o cálculo de heranças. Em seu compêndio sobre o cálculo por transposição e redução, ele demonstra como realizar funções matemáticas básicas, solucionar equações quadráticas, e assim por diante. O astrônomo al-Battani (+929) desenvolveu uma série de fórmulas trigonométricas, como as regras de seno e cosseno. Abu al-Wafa (+998) e ibn Yunus (+1009) desenvolveram a expressão fundamental da trigonometria esférica em uso atualmente. Um dos astrônomos e matemáticos mais eminentes foi Nasir al-Din al-Tusi (+1274), que dirigiu o famoso observatório de Maragha, no Azerbaidjão. Ele criou um instrumento matemático, o "paralelo de Tusi", essencial para a elaboração da teoria heliocêntrica do sistema solar. Mais tarde, ibn al-Shatir (+1375) desenvolveu uma teoria planetária que compartilha muitas características com a de Copérnico (+1543), que certamente tinha conhecimento da obra de al-Shatir.

A medicina recebeu atenção especial pela mesma razão. Os hospitais, regulados e supervisionados pelo Estado, possuíam elaborados programas de treinamento, não apenas para médicos, mas também para farmacêuticos. Abu al-Qasim al-Zahrawi (+1013) publicou uma enciclopédia ilustrada que descrevia, entre outras coisas, o conjunto básico de instrumentos cirúrgicos que ainda estão em uso na atualidade. O maior médico clínico da civilização muçulmana talvez tenha sido Abu Bakr Zakariyya al-Razi (+925). Livre-pensador notável, al-Razi fez as primeiras observações detalhadas sobre a catapora e o sarampo. Sua extensa literatura inclui uma enciclopédia médica.

No entanto, a noção de ilm significava que a pesquisa por si só também não poderia ser ignorada. Realmente, os cientistas muçulmanos foram os primeiros a instituir a experimentação como fase para o método científico, o que pode ser visto claramente nas obras de ibn al-Haytham (+1039) e al-Khazini (+1121). Nascido em Basra, al-Haytham mudou-se para o Cairo com a intenção de represar o Nilo. Estando a obra além do alcance da tecnologia da época, ele voltou sua atenção para a física. No *Livro da óptica*, ele apresenta-a como ciência teórica e experimental e descreve muitas de suas leis básicas, como a da reflexão e refração. Al-Khazini construiu um instrumento específico para medir certas gravidades, que chamou de "Equilíbrio da Sabedoria". No livro que descrevia o instrumento, ele discute mecânica, hidrostática e uma teoria da gravidade — identificando-a como uma força central que se direciona para o centro do Universo (isto é, da Terra), séculos antes de Newton (+1727) ter visto sua maçã cair da árvore.

As noções de adl, istislah e ilm exigiam um sistema universal de educação, portanto não é de surpreender a disposição das primeiras comunidades muçulmanas em fundar universidades e faculdades. A primeira universidade do mundo, al-Azhar, foi inaugurada no Cairo em 970. Foi logo seguida por outras em Fez, Bagdá e em lugares tão remotos quanto Samarcanda. O sistema educacional disseminado pelo mundo islâmico proporcionou aos viajantes um passaporte intelectual reconhecido. A história pessoal de inúmeros viajantes muçulmanos inclui uma sucessão de mudanças do domínio de um governante para o de outro, em cada um encontrando emprego como *qadi*, ou juiz. O renomado historiador e pai da sociologia, ibn Khaldun (+1406), viveu em um período turbulento que o obrigou a deslocar-se permanentemente entre sua nativa Tunísia, Marrocos e Espanha, locais onde prontamente encontrava emprego como qadi. Ficou famoso por sua volumosa obra da história das civilizações, da qual o livro de abertura, *Introdução à história*, é considerado uma obra-prima.

Viajar era visto como essencial para adquirir conhecimento e ver o tawhid, a unidade da humanidade e da natureza, em ação. Era também uma resposta direta ao dito do profeta Maomé: "Busque conhecimento até em lugares (remotos) como a China." O famoso polímata muçulmano al-Baruni (+1048) não foi à China, mas sim à Índia. Nascido em Khwarizm [ou Corasmia], na Rússia, al-Baruni era astrônomo, matemático, geógrafo, historiador e cientista social, e declarou que cada disciplina tem sua metodologia, à qual o erudito deve ser fiel. Esteve entre os primeiros a arquitetar métodos para A Determinação das Coordenadas das Cidades, porém sua fama se deve ao estudo esclarecedor sobre a Índia, no qual declara que para compreender o ioga é preciso experimentar seus métodos.

Ibn Battuta (+1377), por outro lado, foi à China. Um dos maiores viajantes do islã, servindo como qadi em diversos lugares, ele iniciou suas viagens em 1325, e percorreu por 29 anos a distância e a largura do mundo conhecido, da China a Tombuctu. Suas divertidas aventuras são descritas em *Viagens de ibn Battuta*.

Mais de quatro séculos antes, ibn Fadhlan fora enviado como emissário à Escandinávia pelo califa abássida al-Muqtadir. Ele deixou Bagdá em 21 de junho de 921 e retornou com inestimáveis descobertas sobre os vikings e uma história de fanfarrices. Suas viagens foram traduzidas como *Eaters of the Dead*

[*Devoradores de mortos*] por Michael Crichton e virou filme, *O 13º guerreiro*.

Viajantes, eruditos, filósofos, cientistas, teólogos e até califas escreveram livros. A manufatura do papel, iniciada em Bagdá em 793, proporcionou o meio para o desenvolvimento de um comércio de livros, que foi essencial no desenvolvimento da civilização muçulmana. Cada grande cidade tinha um próspero comércio livreiro, sendo que, na época de al-Mamun, Bagdá, por si só, tinha mais de cem livrarias. O mais famoso vendedor de livros entre os muçulmanos foi ibn al-Nadim (+995), e sua livraria em Bagdá era renomada em todo o império. Em 987, publicou o *Fihrist*, um catálogo que procurava oferecer uma bibliografia anotada de todos os livros em sua loja, chegando a milhares de verbetes, os quais expunham o número de páginas do texto para que os compradores se certificassem de não estar adquirindo uma versão resumida.

O conceito do representante para a administração de um território possuía uma relevância ambiental especial para os primeiros muçulmanos, razão pela qual desenvolveram a noção de capacidade de lotação e construíram cidades para um número calculado de pessoas. Introduziram "zonas invioláveis" fora das cidades, onde o desenvolvimento era proibido (conhecidas como *heram*), e outras reservadas à vida selvagem e às florestas (*hema*). Criaram também decretos para os direitos dos animais e declararam que recursos inestimáveis como pastos, bosques, vida selvagem, depósitos minerais e água não poderiam ser privatizados.

Esse período clássico foi igualmente uma época de intensos debates sobre as interpretações do islamismo. Os sufis discutiam com os eruditos religiosos e ambos discutiam com os filósofos, sendo que todos utilizavam a filosofia como instrumento para apresentar seu caso. A batalha entre os racionalistas, conhecidos como mutazalitas — literalmente separatistas — e os eruditos religiosos era especialmente intensa, e continuou por vários séculos. Os primeiros, que em sua maioria eram filósofos, mas também incluíam cientistas, poetas e administradores, desejavam uma distância respeitável entre religião e política, eram contrários à fé estrita, legalista, baseada unicamente na noção da Lei Divina (a Shariah), e trabalhavam para transformar o islamismo numa religião mais humana. Argumentavam que com o simples uso da razão era possível saber como agir moralmente e, consequentemente, não havia necessidade de combinar a religião com a ciência de governar. A escola mutazalita surgiu no século IX, durante a época de al-Kindi, conhecido como o primeiro filósofo dos árabes e que recebe o crédito de ser seu fundador. Os mutazalitas apoiaram filósofos de grande distinção como Avicena, Averróes e al-Farabi, o autor, do século X, de *O estado perfeito* (que defendia uma república governada por filósofos).

O grupo media forças com os asharitas, escola fundada pelo teólogo do século X al-Ashari, que rejeitavam a noção de que a razão humana conseguia, por si só, discernir a moralidade e argumentavam que a compreensão da natureza e das características singulares de Deus estava além da capacidade humana. Defendiam que o Estado tinha um importante papel na formação da moralidade de seus cidadãos; portanto, religião e política não podiam ser separadas. A escola asharita tinha o apoio de gigantes como al-Ghazzali, Fakhr al-Din al-Razi e ibn Khaldun.

A história do islamismo durante o período clássico, do século VII ao XIV, pode ser vista, em grande escala, como uma enorme luta entre os mutazalitas e os asharitas. A batalha muitas vezes ia além do domínio intelectual — se um califa específico tendesse para um lado, às vezes usava seu poder para reprimir o outro. Foi a clara vitória dos asharitas que assegurou a tendência das sociedades muçulmanas verem religião e política como dois lados da mesma moeda.

Foi desta maneira que se aplicou o islamismo na história. Mas isso foi antes que o declínio e o colonialismo cobrassem seus tributos.

Os muçulmanos na história

A visão convencional é de que a civilização muçulmana começou a declinar por volta do século XV, quando os otomanos representavam o poder dominante do mundo islâmico. Alega-se que os otomanos consideravam seu poder militar sistemas educacionais autossuficientes e não estavam interessados em fazer contato com a Europa ou em aprender com os avanços científicos daquele continente. O raciocínio fazia sentido, visto que a ciência europeia e islã encontravam-se quase no mesmo estágio, mas a consequência foi a rápida decadência da erudição otomana.

O império otomano teve início em 1281, e na época do sultão Suleiman I (1403-1421), estendeu-se a partir das costas distantes do mar Negro e do golfo Pérsico, no leste, até Budapeste, ao norte, e Argel, a oeste. Esses territórios herdaram os desenvolvimentos científicos e eruditos ocorridos no auge da civilização muçulmana e neles se inspiraram, buscando nessa rica tradição as soluções para seus problemas intelectuais e técnicos.

O século XVI foi a idade de ouro do império. O astrônomo-chefe otomano, Taqi al-Din, ilustra isso muito bem. Durante o período do sultão Murad III (1574-1595), ele construiu um observatório em Istambul, planejado como um dos maiores da época: consistia em uma elaborada estrutura, equipada com os melhores instrumentos, e incluía quadras residenciais, escritórios para os astrônomos e uma biblioteca. O observatório comparava-se ao de Uranienborg, de Tycho Brahe, construído em 1576. Há inclusive uma grande semelhança entre os instrumentos usados pelos dois astrônomos: um tipo específico de sextante construído por Taqi al-Din lembrava um instrumento do mesmo tipo inventado por Tycho Brahe.

Durante seu auge, os otomanos mantiveram uma atitude de tolerância em relação às minorias religiosas e étnicas dentro do império. Os judeus, por exemplo, foram recebidos de braços abertos ao serem expulsos da Espanha no fim do século XV. Porém esse grupo representava uma ameaça especial para a Europa: só foram expulsos de Viena em 1683. Consequentemente, foram retratados como o lado mais escuro da Europa, o Outro; todos os problemas das sociedades muçulmanas foram projetados neles.

EM QUE ACREDITAM OS MUÇULMANOS?

A representação dos otomanos — sarracenos, como eram chamados na Europa — como violentos e fanáticos libertinos foi uma nova fase do antigo ciclo. As ideias europeias sobre muçulmanos e islamismo formaram-se e filtraram-se através de milênios de oposição, trepidação, falsa caracterização e desejo de poder — o que passou a ser conhecido como orientalismo. Desde seu surgimento, o islamismo se apresentava à Europa com três problemas. Em primeiro lugar, qual era a necessidade de um profeta árabe mais de 600 anos após a crucificação e ressurreição do filho de Deus? Segundo, após cem anos de seu surgimento, quando a Europa descobriu o islamismo em suas fronteiras, ele se tornou um problema político. Terceiro, as realizações científicas e eruditas da civilização muçulmana tornaram o islamismo um problema também intelectual. Todas essas questões foram exacerbadas pela demonização do islamismo, a difamação do profeta Maomé e a descrição e representação dos muçulmanos como o oposto da Europa: se a Europa era racional, o islã era irracional; se a Europa era não violenta, o islã era violento; e se a Europa era erudita, os muçulmanos eram ignorantes.

O orientalismo levou a Europa, tão consciente de sua própria diversidade, a considerar os muçulmanos e o islamismo um monolito, uma massa sem meios de diferenciação, diversidade ou interpretação dinâmica. Essas representações alcançaram seu máximo durante as Cruzadas; e ainda permanecem entre nós. São, de fato, os estereótipos orientalistas os maiores responsáveis pela disseminada falta de confiança nos muçulmanos e pela incompreensão do islamismo, além de terem sido usados como justificativa parcial para a colonização do mundo islâmico.

A maior parte do mundo muçulmano, com exceção da Turquia, foi colonizada pelos poderes imperiais europeus. E onde quer que estes chegassem, desmantelavam sistematicamente as instituições de ensino, reprimiam o pensamento islâmico original e marginalizavam todos aqueles que pudessem representar uma ameaça intelectual ou política. Na Argélia e na Tunísia, por exemplo, os franceses proclamaram a medicina islâmica inferior, introduziram a pena de morte por sua prática e excluíram todos os médicos islâmicos. Na Indonésia, os holandeses impediram a população local de frequentar instituições de educação superior e negaram educação à maioria dos indonésios até a década de 1950. Na Índia, os britânicos puseram-se a produzir uma nova estirpe de indianos que eram "ingleses" em tudo, menos na cor da pele; e criaram richas entre os hindus e os muçulmanos. Em toda parte, as colônias foram despojadas de seus bens, suas economias dizimadas, as estruturas social e cultural dispersadas, gerando um complexo de inferioridade nos sujeitos colonizados.

Numa época em que o colonialismo é glorificado na televisão, é fácil subestimar suas consequências. Porém, mais do que qualquer outra coisa, foi o colonialismo o que deixou o islã de joelhos, foi o principal fator externo para o rápido declínio da civilização muçulmana.

Fatores internos também tiveram seu papel, é claro. O mais importante deles foi a intransigência dos eruditos religiosos, os ulamás. Em torno do século XIV, eles ficaram preocupados com a proliferação de novas, muitas vezes impetuosas, interpretações do islamismo e trabalharam sem cessar por dois séculos, no intuito de cerrar os "portões da ijtihad": argumentavam não ser necessário que os muçulmanos se engajassem continuamente na racionalidade. O caminho adiante foi a *taqlid*, ou imitação do pensamento e da obra das primeiras gerações de eruditos, o que representou um gesto ostensivamente religioso. A *taqlid* devia limitar-se aos domínios religiosos, mas, visto que o islamismo tem uma visão de mundo altamente integrada, que nele tudo está interligado, ela teve um impacto devastador sobre todas as formas de investigação. Desse modo, o princípio dinâmico do islamismo, ijtihad, a noção que possibilita ao islamismo se renovar e reviver constantemente, foi proscrita. Mais tarde, temendo a perda de controle e sua legitimidade sobre a exegese do Alcorão, os ulamás também retardaram a introdução do processo de impressão nas sociedades muçulmanas.

O congelamento no desenvolvimento de novas interpretações teve um efeito catastrófico sobre o amadurecimento do pensamento islâmico. Em particular, interrompeu a evolução da Shariah, que até o século XIV era uma entidade dinâmica e cambiante. A mediação que cada indivíduo muçulmano possuía para interpretar e lutar com seu texto sagrado se evaporou. De modo geral, os islamitas tornaram-se recipientes vazios; tudo que deles se exigia era que aceitassem as regras clássicas e se devotassem à prática dos rituais.

A devastação intelectual, social, cultural e política a que assistimos hoje no islã é essencialmente um produto da mentalidade taqlid e da devastação produzida pelo colonialismo.

Aplicação do islamismo na atualidade

Os pensadores muçulmanos estão começando a ver o islamismo em termos conceituais. Onde possível, utilizam exemplos históricos para moldar ideias e políticas contemporâneas, como o amplo uso das noções clássicas de sustentabilidade ambiental nos países do Golfo. O projeto do Banco Islâmico de Desenvolvimento, "Água para a Vida", utiliza a noção de zonas invioláveis para promover a conservação. A Fundação Islâmica de Ecologia e Ciências Ambientais, sediada em Birmingham, tem se baseado em conceitos islâmicos para introduzir ideias ambientais no currículo escolar.

Nas áreas onde a história foi silenciosa, os eruditos modernos criaram novos discursos e disciplinas, ainda que estes se baseassem em conceitos fundamentais. A atual noção de economia islâmica como ciência, ainda que os pensadores clássicos tenham discutido as instituições econômicas, não surgiu da tradição clássica.

O conceito central na economia islâmica é *falah*. Tecnicamente, o termo significa um estado de bem-aventurança, porém trata-se de um conceito abrangente de bem-estar espiritual, cultural, político, social e econômico neste mundo e do prazer de Deus no além. Em nível micro, falah requer que um indivíduo esteja empregado, livre de carências e que possa participar da vida política e social. Em nível macro, uma sociedade alcança o estado de falah se for política e economicamente independente, possuir organizações institucionais para estabelecer justiça econômica, envolver seu povo na tomada de decisões e proporcionar um ambiente favorável à saúde física e espiritual.

A noção de falah tem sido usada em conjunto com uma série de outros conceitos islâmicos para moldar políticas econômicas que erradiquem a pobreza, satisfaçam as necessidades básicas e promovam educação universal.

Como o islamismo proíbe a usura, os países muçulmanos lançaram, na década de 1970, um enorme projeto para instituir companhias bancárias que não pagariam nem receberiam juros. As experiências logo levaram a duas formas principais de finanças islâmicas: *Mudarabah* — envolve a situação em que os bancos se tornam sócios dos homens de negócios, depositantes e compartilham os lucros — e *Murabaha* — envolve a situação em que o banco compra algo a pedido de um cliente e o vende ao mesmo cliente por um preço maior do que o negociado na compra, a ser pago após um período de tempo. (Não é de surpreender que alguns simplesmente vejam isso como juros com outro nome!) Os bancos que operam sob esses princípios atualmente estão espalhados pelo mundo islâmico.

Análises semelhantes foram usadas para elucidar a ideia de desenvolvimento islâmico. Aqui, os conceitos de curadoria (califa) e falah se combinam com um terceiro: *tazkiyyah*, que se refere ao crescimento através da purificação do indivíduo em termos de seu relacionamento com Deus, com seu semelhante e com o ambiente natural — o que pode envolver a doação da própria fortuna. Além disso, a riqueza não pode ser obtida à custa do meio ambiente ou acumulada a ponto de privar outros ou de desestruturar a sociedade como um todo; ou seja, o desenvolvimento deve operar dentro dos princípios da justiça social e dos limites de uma ordem normativa tanto autoimposta quanto de vigência social.

A noção de desenvolvimento muçulmano foi também formulada em uma série de políticas gerais. Algumas frequentemente comentadas na literatura são:

1. produção e consumo restringir-se-iam aos produtos e serviços considerados úteis para os indivíduos e para a sociedade;

2. os esforços para melhorar a qualidade de vida incluem: criação de empregos, institucionalização do zakat (imposto para os pobres), distribuição igualitária de renda e riqueza por meio de políticas de impostos, leis de herança, e proibição de usura, especulação e monopólio;
3. o desenvolvimento deve se dar ao longo de linhas de igualdade regional e setorial para alcançar um equilíbrio no mundo islâmico;
4. a tecnologia deve se adequar às condições das sociedades muçulmanas específicas e, portanto, estar em harmonia com os objetivos e aspirações da comunidade, sem causar, ao mesmo tempo, sérias rupturas sociais;
5. o mundo muçulmano deve ser mais bem integrado e a dependência econômica em relação a outras partes do mundo precisa ser reduzida.

A economia e o desenvolvimento islâmicos existem como disciplinas independentes, com um vasto corpo de literatura. Entretanto, ao mesmo tempo que os modelos de economia foram aceitos de modo geral e amplamente promovidos por seus países, o desenvolvimento islâmico não inspira muito apoio. A globalização e as políticas de instituições internacionais como o Banco Mundial e o FMI forçam os países muçulmanos a seguirem padrões bem estabelecidos pelo desenvolvimento econômico ocidental.

Contudo, a evolução da economia islâmica realmente incentivou os pensadores muçulmanos a aplicarem os conceitos islâmicos à política científica. Todo um discurso de "ciência islâmica" se desenvolveu na década de 1980, combinando a noção de conhecimento (ilm) com o conceito de *ibadah*, ou devoção. A atividade científica foi projetada como uma forma de devoção, tornando-se também uma ferramenta para a consciência de Deus (tawhid) e para o exercício de responsabilidade de ser Seu representante (califa). Segue-se que, na estrutura islâmica, a ciência não poderia ser buscada com objetivos indignos (haram), ser usada em qualquer forma de opressão ou tirania (zulm), estar envolvida em atos de violência contra a natureza ou levar ao desperdício. Tanto os fins quanto os meios da ciência devem ser éticos, baseados em objetivos dignos de louvor (halal), em favor do bem público (*istislah*) e da promoção geral da justiça social, econômica e cultural (adl).

Tal estrutura tem fortes implicações nas recentes evoluções da engenharia genética, no patenteamento de material biológico e na vivissecção. Como uma série de eruditos aponta, a ciência islâmica estaria bastante favorável ao "princípio precautório" e só permitiria avanços na pesquisa genética sob princípios éticos claramente delineados. Como não se considera o único sistema viável de avanço científico, respeitaria e promoveria todas as formas de conhecimento nativo ou alternativo. Incentivaria, sobretudo, sistemas de saúde alternativos e holísticos.

Um dos principais propósitos deste debate científico é internalizar a ciência nas sociedades muçulmanas. Argumenta-se que a ênfase dada à pesquisa nativa devia voltar-se para problemas locais que requerem atenção urgente, ou seja, para a pesquisa de prevenção à diarreia em vez da física nuclear, para o saneamento em vez da biologia molecular. Visto que quase 75% de todos os refugiados políticos no mundo são muçulmanos, seus problemas deveriam receber atenção especial. Por conseguinte, o desenvolvimento de materiais para domicílios temporários limpos e rápidos, de métodos eficientes e baratos que possam prover água em momentos de emergência, de mecanismos para proporcionar atendimento básico de saúde e prevenção da contaminação de doenças, além de outros sistemas que reduzam as dificuldades e aliviem a infelicidade dos desamparados e vítimas inocentes do turbilhão político, deveriam ser uma alta prioridade para as políticas científicas dos países muçulmanos. Os defensores da ciência islâmica sugerem que apenas estabelecendo contato e transformando as vidas dos muçulmanos comuns a ciência poderá desenvolver-se como uma empresa próspera na cultura islâmica.

Há um conceito sempre atuante nas sociedades muçulmanas: a noção de *ummah* — a irmandade internacional do islã. O termo não pode ser traduzido como "povo" ou "nação", trata-se de algo muito mais orgânico e abrangente, e é mais bem compreendido pelas palavras do profeta Maomé. Ele dizia: "Os muçulmanos são como o corpo humano. Se uma parte sente dor, todo o corpo sofre." Os fiéis de todos os cantos se consideram parte integral de um todo maior, de uma comunidade que, por sua vez, faz parte de uma rede internacional mais abrangente. Em razão disso, os problemas de uma comunidade são os problemas de toda a ummah.

Como consequência, por exemplo, o assunto da Palestina não é visto como um problema árabe ou do Oriente Médio, mas uma questão do mundo muçulmano, assim como aconteceria num organismo. Esta talvez seja a melhor demonstração de como a consciência islâmica se manifesta no mundo contemporâneo.

ZIAUDDIN SARDAR

A origem dos terroristas muçulmanos

Há outro modo explícito através do qual o islamismo está sendo praticado na atualidade: o terrorismo dos homens-bomba suicidas de 7 de julho em Londres, dos sequestradores dos aviões do 11 de setembro e da rede al-Qaeda/bin Laden. A maioria dos muçulmanos não considera os terroristas fiéis legítimos, com o argumento de que o Alcorão e várias outras escolas de direito islâmico proíbem a matança de civis inocentes. Entretanto, os terroristas são muçulmanos não simplesmente por assim se declararem, mas por justificarem seus atos bárbaros com base no Alcorão e na lei islâmica. Eles, de fato, são um produto da história islâmica e um filamento específico de sua tradição, além de serem também parte da ummah.

Discutimos essa história ao abordar os caridjitas — que surgiram durante o período dos califas probos —, pois acreditavam que as escrituras sagradas deviam ser interpretadas literalmente, que nenhuma concessão, desvio ou alternativa poderiam ser permitidos e que todos os discordantes eram alvos legítimos de violência. Os terroristas são a contrapartida moderna dos caridjitas. Como seus antecessores, fazem uma interpretação radical do islamismo — que está em total desavença com a ortodoxia dominante

— e não têm dúvida alguma de que sua identidade é formada pela melhor religião, com a melhor sistematização e os preceitos certos para todos os aspectos da existência humana; e não pode haver qualquer desvio do caminho. Os que não concordam são, na melhor das hipóteses, menos muçulmanos e, na pior, alvos justificados de violência. Em sua retórica tudo é sagrado, nada é secular e a punição é a tarefa suprema. Como os caridjitas, os modernos terroristas muçulmanos justificam seus atos evocando as palavras e ordens de Deus.

Embora tenham sido extintos, as ideias dos cadiridjitas aparecem com regularidade cíclica na história islâmica. Eles lideraram diversas rebeliões durante o período abássida (749-1258) — a idade de ouro do islã. A influência de seu pensamento pode ser claramente percebida em ibn Taymiyyah (1263-1328), o bisavô do wahhabismo e um dos cientistas políticos mais influentes do islamismo, e fica novamente evidente com Muhammad ibn Abdul Wahhab (1703-1787), fundador da seita wahhabi, baseada na Arábia Saudita. Esta, por sua vez, moldou a visão de Syed Qutb (1906-1966), o principal ideólogo da Irmandade Muçulmana, cuja última obra, *Milestones* [Marcos], pode ser vista como um tratado moderno do pensamento neocaridjita. Hoje, podemos ver sua clara influência não apenas naqueles que aderem à doutrina de bin Laden, grupos como Hizb-e-Tahrir e al-Muhajaroon, mas em certas organizações tradicionais, como a Jamaat-e-Islami do Paquistão.

O pensamento neocaridjita possui três características específicas. Primeiramente, é anti-histórico: abomina a história, esvaziando-a de todo o conteúdo humano. O islamismo como religião, interpretado pelas vidas e pelos pensamentos de um povo chamado muçulmano, não é algo que se desenrolou na história com todas as potências e fraquezas humanas, mas algo que existe fora do tempo. Portanto, não há noção de progresso, desenvolvimento moral ou evolução humana. Seu objetivo básico é a criação de um Estado islâmico, moldado segundo a utopia histórica que supostamente existiu durante a época do Profeta e dos califas probos, na qual religião e política são um só elemento.

Em segundo lugar, o pensamento neocaridjita é monolítico, não reconhece, compreende ou aprecia uma visão contrária, e aqueles que as expressam são vistos como apóstatas, colaboradores ou pior. As atrocidades cometidas pelos extremistas sunitas contra os xiitas no Iraque e no Paquistão são justificadas exatamente nesses termos.

Em terceiro lugar, esse pensamento é agressivamente virtuoso aos próprios olhos e insiste em impor sua noção de honradez aos outros. Legitima a intolerância e a violência citando incessantemente o famoso versículo do Alcorão que pede aos fiéis "para fazer o bem e impedir os maus atos", que justificaria seus atos, como fizeram os homens-bomba de Bali em 2002. A Frente Indonésia dos Defensores do Islamismo costuma destruir cafés, cinemas e discotecas, locais que consideram antros para comportamento imoral e despudorado. A odiosa polícia religiosa da Arábia Saudita está diariamente nas ruas impondo o "código moral" (principalmente às mulheres). No Paquistão, os eruditos neocaridjitas conseguiram extinguir as maratonas mistas, de homens e mulheres.

O significado disso é que os neocaridjitas despiram o islamismo de toda sua humanidade, história e ética. Em geral, eles não têm consciência e nenhum sentimento de culpa ou remorso. Glorificam sua violência com noções de martírio e aceleram sua entrada em algum paraíso pervertido.

8

Para onde agora?

Apesar do surgimento de novas formas de aplicar o islamismo, os muçulmanos, de modo geral, não conseguiram viver à altura dos ideais e aspirações do islã. Ainda que enfatizem o pensamento e a educação, mal se encontra uma única instituição de ensino superior de reputação; ainda que atribuam suprema importância à justiça social, o mundo muçulmano está repleto de tirania, despotismo e opressão; ainda que insistam na distribuição da riqueza e vejam a pobreza como um pecado, a degradação humana é algo comum nessas sociedades. Fortuna conspícua e miséria abjeta costumam existir lado a lado.

Os muçulmanos tendem a culpar o Ocidente pela maioria dos seus problemas. De fato, séculos de colonialismo deixaram uma cicatriz profunda nas sociedades muçulmanas, e a moderna economia global, juntamente com as tendências hegemônicas ocidentais, têm também seu papel no subdesenvolvimento destas sociedades. No entanto, nem todos os problemas podem ser atribuídos ao Ocidente.

Eu diria que o fracasso em chegar a um acordo com a modernidade é um importante fator na difícil situação vivida pelos muçulmanos contemporâneos. A tendência de recuar às antigas interpretações dos textos sagrados manteve-os presos à Idade Média, arrastando-os de volta para aquele contexto congelado e petrificado. Pior, os fundamentalistas querem levar o islamismo de volta aos tempos do profeta Maomé e dos califas probos, uma época imaginada como uma nação-Estado utópica que nem sequer chegou a existir na história.

Atualmente, os muçulmanos precisam tomar uma atitude sobre a reformulação da Shariah, o coração do islã. A prova de que o islamismo está passando por uma séria reforma se evidencia pelo fato de que a ideia de imutabilidade da Shariah está sendo amplamente contestada. Intelectuais e pensadores muçulmanos de países como Indonésia, Marrocos e Índia argumentam que a Shariah não é divina, mas socialmente construída na história, o que representa uma guinada sísmica em direção a uma total transformação daquilo que entendemos por islamismo.

Essa mutação, de fato, já começou. No Marrocos, por exemplo, a Shariah foi totalmente reformulada. O novo direito familiar islâmico, introduzido em fevereiro de 2004, varre séculos da antiga jurisprudência. Formulado com total cooperação de eruditos religiosos e participação ativa das mulheres, introduz diversas mudanças profundas, justificadas por capítulos e versículos do Alcorão e pelos exemplos e tradições do profeta Maomé.

Então, quais mudanças são essas?

A tradicional noção da Shariah de que o marido é o chefe da família desapareceu, e a responsabilidade por esta passou a ser concomitante entre os dois esposos. A linguagem degradante antes utilizada em referência à mulher foi substituída por uma terminologia sensível ao gênero; as mulheres tornam-se parceiras dos homens em direitos e obrigações em vez de subordinadas carentes de orientação e proteção. A idade propícia para as mulheres se casarem foi elevada de 15 para 18 anos, ficando com isso paralela à dos homens, e ambos têm agora o direito de contratar seu próprio casamento sem a aprovação legal de um guardião. As mulheres têm o direito de se divorciar, em oposição à convencional Shariah, que determinava que somente os homens teriam direito ao divórcio. Os homens precisam agora requerer uma autorização prévia de um tribunal antes que possam obter a separação. O divórcio verbal também foi proscrito.

Além disso, os maridos devem pagar tudo o que devem à mulher e aos filhos, antes que o rompimento seja devidamente homologado. Tudo foi feito em relação à poligamia, menos sua extinção. Os homens podem ter uma segunda esposa somente com o total consentimento da primeira e apenas se os dois puderem provar, em um tribunal, que as duas serão tratadas com justiça absoluta — condição impossível. Hoje, as mulheres podem requerer pensão e ficarem com a custódia dos filhos mesmo que se casem novamente. Uma mulher pode até readquirir a custódia dos filhos caso o tribunal tenha decidido inicialmente a favor do marido e este não consiga cumprir suas responsabilidades.

Há também estipulações para que a criança tenha acomodações adequadas, condizentes com sua condição de vida anterior ao divórcio dos pais. Essa exigência está separada das outras obrigações de pensão, que convencionalmente consistia em uma soma insignificante. O direito da criança ao reconhecimento da paternidade, em casos em que o casamento não tenha sido oficialmente registrado ou ela tenha nascido fora do vínculo conjugal, também foi reconhecido.

A nova lei exige igualmente que maridos e esposas compartilhem a propriedade adquirida durante o casamento. Eles podem possuir propriedades separadas, mas a lei possibilita um acordo entre o casal, por meio de um documento distinto do contrato de casamento, sobre como administrar e desenvolver bens adquiridos durante o matrimônio. O tradicional costume de favorecer os herdeiros masculinos na partilha da terra foi abolido, possibilitando que os netos pelo lado das filhas herdem de seus avôs, assim como os netos pelo lado dos filhos.

Sob a Shariah reformulada, as minorias têm permissão de seguir suas próprias leis. Desse modo, os judeus marroquinos podem ser governados pelo direito de família hebraico-marroquino.

Essas são mudanças profundas, demonstrando que a Shariah pode ser radicalmente transformada. Embora se limitem ao aspecto do direito familiar, terão um impacto na Shariah como um todo. As reformas de outros aspectos, inclusive de crime e punição, que são ainda mais controversos, sem dúvida se seguirão.

Um indicativo disso vem da Malásia e da Indonésia. Surgiu na Malásia uma nova interpretação do islamismo, o Islam Hadhari. Inspirado em ibn Khaldun, o muçulmano historiador e fundador da sociologia do século XIV, alicerça-se nos aspectos civilizatórios e culturais do islã, com ênfase no papel central do conhecimento. Os idealizadores do Islam Hadhari opinam que as sociedades muçulmanas deveriam ser baseadas no conhecimento, valorizarem o trabalho intelectual, o desenvolvimento econômico e as inovações científicas e tecnológicas. Além disso, deveriam ser "inclusivos" — tolerantes e receptivos em relação a outras fés e ideologias.

Na Indonésia, grupos tradicionais e modernos reuniram-se para criar uma nova síntese. A "nova intelectualidade islâmica", como é chamada, visa separar a Shariah do domínio político, por acreditarem que sua ênfase excessiva na formalidade e no simbolismo esvaziou-a — e, portanto, o islamismo — de sua dimensão ética e humana. Os muçulmanos deveriam procurar redescobrir estes valores da Shariah e utilizá-la para promover a sociedade cívica e um governo participativo e responsável, com origem no povo e com a total participação de todos os membros da sociedade.

O que está ocorrendo na Indonésia, na Malásia e no Marrocos não é de modo algum singular. Avanços similares manifestam-se por todo o mundo islâmico. Os muçulmanos, de modo geral, reconhecem a necessidade de uma mudança fundamental em sua percepção da religião, e esforços conscientes estão sendo feitos no sentido do deslocamento das noções medievais do direito islâmico e da implementação da visão de justiça, igualdade e beleza que está enraizada no Alcorão. Se essas transformações continuarem, o futuro não repetirá o passado recente.

O islamismo no século XXI

A nova agenda reformista está preparando o islamismo para um futuro vibrante. O "islamismo formalizado", como os intelectuais indonésios o descrevem, sempre estará conosco, mas essa visão tão enraizada na legalidade, tão exclusiva e míope, perderá muito de seu apelo e de sua força.

Há dois condutores básicos da mudança: as mulheres e a juventude. As reformas no direito islâmico do Marrocos foram lideradas, em sua maior parte, por mulheres. No decorrer das últimas décadas, surgiu toda uma geração de mulheres eruditas, que estão reinterpretando o Alcorão. Estudiosas como Fátima Mernissi, Asma Barlas, Amina Wadud e Aisha Abdul Rahman estão transformando a paisagem teológica. Já os esforços por novas interpretações liberais e humanistas são liderados por jovens pensadores. A rede do islamismo liberal indonésio, por exemplo, é um movimento de massa liderado quase exclusivamente por escritores e teólogos com cerca de 30 anos de idade. Além disso, há outro instrumento de transformação que não pode ser desprezado: a globalização.

Sejam quais forem os prós e contras desta, seus benefícios econômicos em países como o Paquistão e a Índia estão produzindo uma classe média mais articulada, moderna e consciente, com profundo desgosto pela ortodoxia conservadora, que não só irá exigir, mas de fato introduzir as mudanças.

Do outro lado da equação, os fundamentalistas se tornarão supérfluos: seu discurso é puro slogan, sem qualquer programa. Estabelece uma falsa agenda de assuntos periféricos e de conflitos perpétuos, legitimando o repúdio tão disseminado frente ao fundamentalismo do mundo muçulmano. Por volta da próxima década, essa aversão se tornará algo incontrolável. O fundamentalismo, todavia, não será esmagado pelos muçulmanos liberais ou moderados: implodirá devido a sua própria morbidez e natureza vazia.

Os vários esforços para reinterpretar o islamismo são tentativas para alcançar um acordo entre duas questões básicas. Como os muçulmanos poderão transcender sua tradição fossilizada e reinventá-la como uma força que realce a vida? E como esta civilização poderá redescobrir seu dinamismo e elã?

Não há respostas prontas para essas questões. Na verdade, elas parecem especialmente formidáveis dado o estado da educação no mundo muçulmano.

O importante, porém, é perceber que agora os muçulmanos fazem as perguntas apropriadas, e suas respostas nos levarão à descoberta de um novo paradigma islâmico. Desse modo, as bases para o remodelamento da realidade islâmica serão reconhecidas.

Então, prepare-se para o ressurgimento da dinâmica e próspera civilização do islã. Ela não emergirá no futuro próximo, levará algumas décadas, talvez meio século. Será profundamente enraizada na história e na tradição, mas será uma entidade muito diferente. Demonstrará que o humanismo liberal não é uma invenção ocidental, mas sim que possui raízes profundas na história islâmica; mostrará que o pluralismo não é um talento do secularismo, mas sim que ele e a diversidade são intrínsecos à visão de mundo do islã. Não será "moderno" no sentido ocidental da palavra; nem será a favor ou contra o Ocidente, mas estará transverso e acima dele. E exprimirá que, mesmo em um mundo globalizado, diversidade e diferença são importantes e podem levar a uma síntese frutífera.

Por conseguinte, o futuro não estará repleto de conflitos entre o islamismo e o Ocidente, entre tradicionalismo e secularismo. Ao contrário, será moldado pelo respeito mútuo e colaboração, onde múltiplas civilizações se nutrirão de seus modos distintos de ser.

Será minha visão otimista demais? Será que estou muito ansioso para varrer as questões controversas, as áreas de possível conflito? O modo como se vê o futuro depende da maneira que se percebe o presente, e esta depende muito de para onde se olha. Precisamos redirecionar nosso olhar, afastando-o dos odiosos fundamentalistas e focando-o em todos aqueles que estão sinceramente tentando reconstruir a civilização muçulmana. Apesar dos graves obstáculos, esse projeto está em andamento.

O islamismo não permite que sejamos pessimistas. Religião em geral e o islamismo em particular têm a ver com esperança, esta que é a misericórdia e a benevolência de Deus, é a bondade e o senso pragmático da humanidade. Otimismo é, portanto, parte essencial desta religião. Ser muçulmano é ser um cauteloso, mas um eterno otimista.

É bem evidente que os muçulmanos estão pensando o futuro como um espaço para contemplar as consequências das ações presentes. Ao elaborar novas interpretações do islamismo e tentar reformular a Shariah, procuram desenvolver uma percepção de futuro eticamente disciplinada. Somente por meio da contemplação sábia deste futuro os muçulmanos realizarão suas aspirações mais profundas e retornarão, novamente, à visão social esclarecida e ao espírito humanista do islã.

São essas as minhas crenças como muçulmano. Mas apenas Deus sabe tudo. No fim, como no princípio, deve-se a Ele todo o louvor.

Glossário

Adl: justiça, mais particularmente a justiça distributiva e todas as suas diversas manifestações: social, econômica, política, ambiental, intelectual e espiritual.

Akhira: vida após a morte, o além, quando cada pessoa deverá responder por seus atos. Refere-se à outra existência após a vida mundana, que é moldada segundo a conduta da pessoa nessa vida. O conceito envolve a noção do dever de prestar contas: perante Deus somos responsáveis por todos os nossos pensamentos e atos. O além inicia-se com o Dia da Ressurreição, que é seguido pelo Dia do Juízo.

Alá/Allah: literalmente "o Deus", é destituído de gênero e não pode ser imaginado pela mente humana, somente compreendido pelos Seus atributos.

Califa: representante. O Alcorão descreve homens e mulheres como califas, administradores de Deus na terra. Os recursos terrenos são bens divinos, e os califas são responsáveis pelo modo como essa propriedade é administrada. O termo foi usado também para descrever o chefe de um Estado muçulmano. Foi especialmente utilizado após a morte do profeta Maomé para designar seus sucessores.

Dhikr: lembrança de Deus; muito comum na prática sufi.
Din: a descrição do islã feita por ele mesmo. Em seu sentido primário, *din* significa um retorno à natureza inata do homem. Geralmente, não só inclui a concepção comum de religião, mas as noções de cultura, civilização, tradição e visão de mundo.
Fard: obrigação, dever compulsório. Refere-se às obrigações individuais, sociais e coletivas, como orações diárias. *Fard ayn* é o dever imposto a indivíduos responsáveis; *fard kifaayah* é o dever imposto à comunidade muçulmana. Os dois tipos de obrigação devem ser cumpridos para se ter uma vida bem-sucedida e feliz.
Fiqh: jurisprudência islâmica. O cerne do direito islâmico da Shariah é, de fato, o fiqh, que em grande parte consiste na opinião de juristas clássicos.
Fitra: a natureza primordial dos seres humanos. O islamismo descreve-se como *din al-fitrah*, o modo natural de vida.
Haddud: literalmente, limites ou fronteiras que não podem ser ultrapassados. Geralmente refere-se à parte de crime e punição da Shariah, chamada *haddud*. Sob o haddud, a punição é dada segundo leis fixas. Essa é a parte mais controversa da Shariah.
Hadith: ditos ou tradições do profeta Maomé.
Hajj: peregrinação a Meca, um dos pilares do islã, realizado durante uma época particular do ano islâmico.
Halal: legal, bom e benéfico.
Haram: ilegal e prejudicial social, moral e espiritualmente.

Hégira: a migração do profeta Maomé de Meca para Medina no décimo segundo ano de sua missão, em julho de 622. Marca o início do calendário islâmico (o ano AH), que é, portanto, chamado calendário hégira.

Ibadah: adoração ou devoção. Ibadah não se limita à devoção ritual, mas incorpora todas as atividades realizadas para agradar a Deus. Por conseguinte, a busca do conhecimento, do autossustento através de meios justos e morais, da ajuda ao próximo e da liderança da própria comunidade com humildade e justiça, são atos de ibadah.

Ijma: literalmente significa concordar, consenso da comunidade em geral e dos eruditos em particular. Uma das quatro bases do direito islâmico.

Ijtihad: pensamento original sistemático; esforço máximo para atingir a compreensão e formar uma opinião. Ijtihad dá ao islamismo um dinamismo intrínseco, mas seu exercício requer o cumprimento de alguns critérios rigorosos. Os "portões de ijtihad" foram fechados pelos eruditos religiosos na Idade Média.

Ilm: conhecimento em todas as formas e, em particular distributivo: incorpora a noção de sabedoria e justiça.

Islamismo:* paz; submissão a Deus; a religião de Deus; a inclinação natural dos seres humanos.

---

*Em inglês há uma só palavra, Islam. Em português, há islã e islamismo. Islã costuma ser definido também como o "conjunto dos povos de civilização islâmica"; islamismo é o caminho dos seguidores do islã ou a religião fundada por Maomé. (N. da T.)

Istislah: interesse público. Fonte complementar do direito islâmico.

Jihad: literalmente empenho. Qualquer esforço sincero no caminho de Deus, seja ele pessoal, financeiro, intelectual ou físico, a favor da honradez e contra a opressão e os maus atos.

Mudarabah: partilha de lucros. Termo-chave na economia islâmica, tornou-se a base para o sistema bancário livre de juros.

Salah: oração diária obrigatória. O principal conteúdo dessas orações é a récita de alguns versículos do Alcorão ou, como foi chamada, a repetição interna das palavras de Deus em reconhecimento de que somente Ele pode adequadamente louvar a Si mesmo.

Seerah: vida ou biografia do profeta Maomé.

Shariah: literalmente, caminho para uma fonte de água; trata-se do código ético, moral e legal do islamismo. Convencionalmente foi traduzido como "lei islâmica" ou "direito islâmico".

Shura: cooperação e consulta para o benefício da comunidade; mais especificamente, a consulta como princípio político.

Sufi: místico muçulmano.

Suna: literalmente, caminho do exemplo. Aplica-se especialmente aos exemplos do profeta Maomé e inclui o que ele disse, fez e questões com as quais concordou.

Taqlid: imitação, especialmente em questões religiosas, das regras e opiniões dos eruditos religiosos clássicos.

Tawhid: crença na afirmação da Unidade de Deus.

Ulamás: eruditos religiosos, uma classe dominante na sociedade muçulmana.

Ummah: o conjunto de indivíduos e comunidades muçulmanas que formam uma cultura com objetivos e aspirações comuns, assim como uma certa autoconsciência, mas não necessariamente engendram uma sociedade unificada.

Zakat: o imposto compulsório sobre a riqueza, considerado purificador.

Uma seleção do Alcorão

Não há imposição em matéria de religião.
(2:256)

Dizei: "Deus é único!" Deus, a Fonte (de tudo). Jamais gerou ou foi gerado e nada a Ele se compara.
(112:1-4)

Dizei: "Cremos em Deus e no que nos foi enviado e no que foi enviado a Abraão, Ismael, Isaac, Jacó e às tribos; e no que foi concedido a Moisés, Jesus e a todos os profetas por seu Senhor. Não fazemos distinção alguma entre eles e a Ele somos devotos."
(2:136)

Nós os criamos de um homem e uma mulher e vos dividimos em nações e tribos para que pudésseis conhecer uns aos outros.
(49:13)

Criamos o homem da essência do barro; em seguida o colocamos como gota de sêmen num lugar seguro. Então transformamos o sêmen num coágulo, o coágulo em

tecido, e o tecido convertemos em ossos revestidos de carne. Depois realizamos toda a criação novamente. Bendito seja Deus, Criador por excelência.
(23:12-14)

Deus ordena a justiça, a caridade e a generosidade para com os parentes e proíbe a obscenidade, o ilícito e a iniquidade.
(16:90)

Ó fiéis, sede inabaláveis em vossa devoção a Deus e prestai testemunho com imparcialidade: não permitis que o ódio por outros vos desvieis da justiça; sede justos, pois isso está mais próximo da consciência de Deus.
(5:8)

Não misturai verdade com falsidade, nem ocultai a verdade ao sabê-la.
(2:42)

Ajudai uns aos outros a fazer o que é certo e bom; não ajudai uns aos outros na direção do pecado e da hostilidade.
(5:2)

Sede tolerante e ordenai o que é certo: não prestai atenção aos tolos.
(7:199)

E aquele que cumpre sua devoção durante a noite, quer prostrado, quer de pé em oração, sempre ciente da vida

por vir, na esperança de obter a misericórdia do Senhor? Dizei: "De que modo aqueles que sabem podem se igualar aos ignorantes?" Só os que possuem entendimento prestarão atenção.
(39:9)

Dizei: "Senhor, multiplique-me em conhecimento."
(20:127)

Há sinais no céu e na terra para os fiéis: na vossa criação, na criação que Deus espalhou pela terra, há sinais para as pessoas de verdadeira fé; na alternância da noite para o dia, na chuva que Deus provê, enviando-a do céu e revitalizando a terra morta, e na mudança dos ventos há sinais para os que usam a razão.
(45:28)

As piores criaturas aos olhos de Deus são as surdas e mudas (por vontade própria), que não usam a razão.
(8:22)

Percorrei a terra e contemplai como Ele cria a vida.
(29:20)

Sede generoso com vossos pais, parentes, órfãos, necessitados, vizinhos próximos e distantes, com os viajantes em apuros e convosco. Deus não gosta dos arrogantes e exibidos, que são avarentos e ordenam aos outros que também o sejam, ocultando a abundância que Deus lhes deu.
(4:36)

Amparai-vos na perseverança e na oração, embora isso seja difícil para todos, salvo os humildes, que sabem que encontrarão seu Senhor e a Ele retornarão.
(2:45)

Uma palavra cordial e o perdão são preferíveis a uma obra de caridade seguida por palavras ofensivas.
(2:263)

Dai a medida inteira: não venda menos. Pesai com balanças corretas: não privai as pessoas do que lhes pertence. Não espalhai a corrupção pela terra.
(26:181-3)

Deus não muda a condição de um povo até que ele mesmo o faça.
(13:11)

Há uma hora certa para cada povo: ela não pode ser adiantada nem, quando chegar, retardada um único instante.
(7:34)

Juro pelo brilho do crepúsculo, pela noite e por tudo o que ela envolve, pela lua cheia, que progredireis de etapa em etapa.
(84: 16-19)

Este mundo não passa de um prazer ilusório.
(3:185)

Uma seleção do Hadith

Deus é puro e ama a pureza e a limpeza.

O mundo é verde, é belo e Deus vos nomeou como seus administradores.

Toda a terra foi criada como local de veneração, pura e limpa.

Qualquer um que plante uma árvore e cuide dela até que amadureça e dê frutos é recompensado.

Cada religião tem um caráter especial; a característica do islamismo é o recato.

A melhor riqueza é a riqueza da alma, a melhor provisão é a piedade, a mais profunda filosofia é o temor a Deus.

Amais a Deus? Amai vosso próximo primeiro.

Se uma pessoa ama seu irmão, ela deveria lhe dizer isso.

Nenhum homem é um fiel verdadeiro se não desejar para seu irmão o que deseja para si mesmo.

Os servos de Deus são os que caminham sobre a terra com humildade.

Bondade é uma marca de fé; os que não têm bondade, também não têm fé.

A gentileza tudo adorna e sua ausência tudo infecta.

Tende compaixão pelos que vivem sobre a terra e Ele, que está no céu, terá piedade de vós.

O mais excelente dos *jihads* é a conquista do próprio ego.

Não ficais irados.

Lutai sem cessar para sobressair em virtude e verdade.

Dize a verdade, embora ela possa ser amarga e desagradável às pessoas.

Não é um de nós aquele que não mostra bondade às crianças e respeito aos idosos.

Sentai-vos juntos e comei em companhia.

Pagai ao trabalhador o salário antes que o suor dele seque.

Não monopolizai.

O comerciante verdadeiro e leal está associado a profetas, mártires e honrados.

O pouco, mas suficiente, é melhor que o abundante e sedutor.

Olhai para os menos afortunados que vós; assim não desprezarás os benefícios de Deus.

A caridade é incumbência de cada ser humano todos os dias em que o Sol se erguer.

Fazer justiça é caridade; auxiliar um homem a cavalo e carregar sua bagagem é caridade; responder a quem pergunta com suavidade é caridade; remover aquilo que é inconveniente aos que passam, como espinhos e pedras, é caridade.

Alimentai o faminto e visitai o doente, libertai o cativo se ele estiver injustamente confinado e auxiliai o oprimido.

Deus não criou nada melhor nem mais perfeito ou belo que a inteligência.

Buscai o conhecimento desde o berço até o túmulo.

Uma hora de contemplação vale mais que um ano de devoção.

Aquele que conhece o próprio eu conhece Deus.

Aprende a conhecer-te.

A tinta do erudito é mais sagrada que o sangue do mártir.

Quem são os eruditos? Aqueles que praticam o que sabem.

A riqueza não provém da abundância de bens materiais, mas do conteúdo da mente.

Salvaguardai-vos da avareza, pois ela arruinou os que vos antecederam.

Acautelai-vos da inveja, pois ela corrói os bons atos como o fogo consome o combustível.

Acautelai-vos da desconfiança, pois ela é uma grande falsidade.

Não procurai por faltas nos outros nem ansiai pelo que os outros possuem, nem invejai ou alimentai a malícia ou a indiferença.

EM QUE ACREDITAM OS MUÇULMANOS?

Deus não olha para vossos corpos ou aparência, Ele olha para vossos corações e atos.

Facilitai as coisas e não as dificulteis; animai as pessoas e não as repudieis.

Regozijai-vos e tende esperança por aquilo que vos agrada.

Leituras adicionais

ARMSTRONG, Karen. *Muhammad: A Biography of the Prophet*. Londres: Weidenfeld & Nicholson, 2001.

ASLAN, Reza. *No God But God*. Londres: William Heinemann, 2005.

BULLIET, Richard W. *The Case for Islamo-Christian Civilization*. Nova York: Columbia University Press, 2004.

COOKE, Miriam. *Women Claim Islam*, Londres: Routledge, 2000.

COOKE, Miriam e LAWRENCE, Bruce B. (orgs.). *Muslim Networks from Hajj to Hip Hop*. Chapel Hill: University of North Carolina Press, 2005.HALEEM, Abdel. *The Qur'an: A New Translation*, Oxford: Oxford University Press, 2004.

ESACK, Farid. *Qur'an, Liberation and Pluralism*. Oxford: Oneworld, 1997.

GOODMAN, Lenn E. *Islamic Humanism*. Oxford: Oxford University Press, 2003.

HILL, Donald R. *Islamic Science and Engineering*. Edinburgo: Edinburgh University Press, 1994.

HODGSON, Marshall. *The Venture of Islam*. Chicago: Chicago University Press, 1975 (3 vols.).

MERNISSI, Fatima. *Women and Islam*. Oxford: Blackwell, 1991.
ROBINSON, Neal. *Discovering the Qur'an: A Contemporary Approach to a Veiled Text*. Londres: SCM Press, 1996.
ROGERSON, Barnaby. *The Prophet Muhammad: A Biography*. Londres: Abacus, 2004.
SARDAR, Ziauddin. *Orientalism*. Buckingham: Open University Press, 1999.
——. *Desperately Seeking Paradise: Journeys of a Sceptical Muslim*. Londres: Granta Books, 2004.
SARDAR, Ziauddin e MALIK, Zafar Abbas. *Introducing Islam*. Cambridge: Icon Books, 2002.
SAYYID, Bobby S. *A Fundamental Fear: Eurocentrism and the Emergence of Islamism*. Londres: Zed Books, 1997.
WADUD, Amina. *Qur'an and Women*. Oxford: Oxford University Press, 1999.

Recursos na internet

Há uma série de sites que oferecem informações sobre o islamismo, sendo que um grande número se concentra exclusivamente no debate e discussão das questões islâmicas. Considerei úteis os seguintes:

www.islamonline.net
Um dos maiores e mais ativos, internet equivalente à TV al-Jazeera, inclui sessões de perguntas e respostas ao vivo.

www.islamicity.com
Bom material sobre os antecedentes do islamismo e TV ao vivo.

www.muslimheritage.com
Portal animado e bem ilustrado sobre a história da ciência e da tecnologia no islamismo.

http://muslimwakeup.com/
Mantido pela União Muçulmana Progressista da América, este portal se dedica às questões de reforma interna no islamismo.

GRÃ-BRETANHA
The Muslim Council of Britain
Boardman House
64 Broadway
Stratford, London E15 INT
Tel.: +44 20 8432 0585/6
email: admin@mcb.org.uk
www.mcb.org.uk

The Muslim Institute
109 Fulham Palace Road
London W6 8JA
Tel.: +44 20 8563 1995
email: musliminstitute@hotmail.com

The City Circle
P.O. Box 29890
London SW19 8FX
Tel.: 07946 431 451
email: citycircle@yahoogroups.com
info@thecitycircle.com
www.thecitycircle.com

The Islamic Foundation
Markfield Conference Center
Ratby Lane, Markfield
Leicester LE67 9SY
Tel.: +44 1530 244 944
email: i.found@islamic-foundation.org.uk
www.islamic-foundation.org.uk

AMÉRICA DO NORTE
Islamic Society of North America
P.O. Box 38
Plainfields, IN 46168, USA
email: info@isna.org
www.isna.net

The Council of American-Islamic Relations
453 New Jersey Avenue S.E., Washington, DC 20003-4034, USA
Tel.: +1 202 488 8787
email: webmaster@cair-net.org
www.cair.net.org

Canadian Islamic Congress
675 Queen St. S., Suite 208
Kitchener, Ontario N2M 1A1, Canada
Tel.: +1 519 746 1242
email: cic@canadianislamiccongress.com
www.canadianislamiccongress.com

Canadian-Muslim Civil Liberties Association
885 Progress Ave., Suite UPH14, Toronto, Ontario M1H 3G3, Canada
Tel.: +1 416 289 3871
email: cmcla@cmcla.org
www.cmcla.org

Muslim Canadian Congress
12 Millington Street
Toronto, Ontario M4X 1W8, Canada
Tel.: +1 416 928 0477
email: muslimchronicle@canada.com
www.muslimcanadiancongress.org

AUSTRÁLIA
The Australian Federation of Islamic Councils
P.O. Box 7185, South Sydney Business Hub
Alexandria, NSW 2017
Australia
Tel.: +612 9319 6733
email: admin@afic.com.au
www.afic.com.au

IRLANDA
The Islamic Foundation of Ireland
163 South Circular Road, Dublin 8
Tel.: +353 453 3242
email: ifi@indigo.ie

Índice remissivo

Abássida, dinastia, 144-145, 171
Abdala (pai do Profeta), 39, 41
Abduh, Muhammad, *mufti* do Egito, 115
Abissínia (Etiópia), 48, 68
abluções, 94, 120
Abraão, 39, 52, 86
Abu al-Wafa, 150
Abu Bakr, primeiro califa do islã, 47, 53, 66-72
Abu Hanifa, imã, 104
Abu Jandal, 60-61
Abu Safyan, 56
Abu Talib (tio do Profeta), 41, 47-50
Adão, 25, 28, 86
Adiyy, tribo 68
adl, ver justiça
Afeganistão, 76
África do Norte, 76, 143
Aga Khan, 110
Aisha (terceira esposa do Profeta), 66

Alá/Allah, o termo, 84
al-Afghani, Jamal al-Din, 115
al-Askari, Hasan, décimo primeiro imã, 110
al-Azhar, Universidade de, Cairo, 152
al-Baruni: A Determinação das Coordenadas das Cidades, 153
al-Basri, Hasan, 111
al-Basri, Rabia, 111
al-Battani, 150
álcool, 135
Alcorão, 141, 162
  artigos de fé, 83
  como a Palavra de Deus literal, 25, 89
  como revelação de Deus, 25, 39, 85, 94
  convida ao exame das evidências que apresenta, 30
  e a Shariah, 98, 100-101
  e a vida do Profeta, 91, 93

e o pensamento neokharijita, 172-173
e o véu, 136-137
edição escrita autorizada por Osman, 77
em oração, 119-121
estrutura do, 92-93
interpretação, 92-94, 170
mensagem do, 90-91
o que é o Alcorão?, 90-94
princípios e injunções do, 25
proibição de agressão, 132, 170
além (akhira), 81-82, 144
al-Farabi, 147
  O estado perfeito, 147, 156
álgebra, 150
al-Ghazzali, Abu Hamid, 147, 156
  A incoerência dos filósofos, 147
  O renascimento do conhecimento religioso no islã, 146
al-Hallaj, 112
Ali ibn Abu Talib, quarto califa do islã, 33, 47-49, 59, 70, 77-78, 80, 108-109
al-Istihsan (preferência jurídica), 103
al-Istislah (interesse público), 103, 143, 149, 152, 167
al-Khawarizmi: *compêndio sobre o cálculo por transposição e redução*, 150
al-Kindi, 156
al-Mamun, califa, 145
al-Muhajaroon, 172
al-Qaeda, 170
al-Razi, Abu Bakr Zakariyya, 151
al-Razi, Fakhr al-din, 156
al-Tusi, Nasir al-Din, 149
al-Ufr (cultura), 103
Al-Urwa Al-Wuthqa (O Laço Firme), 115
al-Zahrawi, Abu al-Qasim, 150-151
Amina (mãe do Profeta), 41
análise social, 96
Ansar (os auxiliares), 54
Aqaba, morro de Meca, 52
Arábia
Arábia Saudita,
  casamento na, 66-67
  Hanbali, escola, 104
  islamismo definido de modo estreito e legalista, 32
  lei Shariah na, 105-106, 139-140
  polícia religiosa, 173
  tomada pela fome, 74
  unida pelo Profeta, 63
Arafat, planícies de, Arábia Saudita, 129-130

Argel, 157
Argélia, 160
Aristóteles, 86, 147
artigos de fé, 83-89, 106
Árvore Lote do Extremo Limite, 52
Ascensão do Profeta, 51
asr (oração de fim de tarde), 120
as-Sansui, Sayyid Muhammad bin Ali, 144
Assembleia-geral, 73
astrologia, 149
astronomia, 149
ativismo político, 26
ativismo social, 26
Avicena, 148, 156
  Cânones de medicina, 148
  Kitab al-Shifa (O livro da cura), 148
azan (o chamado para a oração), 54, 108
Azrail (anjo), 85

Badr, poço de (batalha em 624), 56-57, 65
Bagdá
Baik al-Hikmah (a "Casa da Sabedoria"), 145
  comércio livreiro, 154
  universidade, 152
Bali, homens-bomba em, 2002, 173
bancário, sistema, 164

Banco de Desenvolvimento Islâmico: projeto "Água para a Vida", 163
Banco Mundial, 166
Bangladesh, 32
Bareilly, Índia, 35
Barelvis, 35
Barlas, Asma, 181
Bíblia, a, 92
bida (mudança), 113
Bilal, 56
bin Laden, Osama 170, 172
biografia, 96
bondade, 82, 85, 87-88, 135
Brahe, Tycho, 158
Buda, 86
Budapeste, 157
Budismo: influência sobre os muçulmanos da Indonésia, 32
Bukhari, imã, 96, 98
  Sahih Bukhari, 98

Caaba/ Ka'bah, Meca 41, 51, 127-128
calendário islâmico, 56, 123, 125, 131
califas, os primeiros quatro, 68, 70-78
  Abu Baker, 70-72
  Ali, 77-78
  Omar ibn Kattab, 72-76
  Osman, 76-77
casamento, 65-67, 177-179
céu, 87

China
  futuro da, 183-184
  muçulmanos na, 32-33
Chipre, 76
ciência islâmica, 167-169
cientistas, 149
Cinco pilares do islã, 81
circuncisão feminina, 32
civilização muçulmana, 34
clero, 33
colonialismo, 34-35, 157, 160-161, 175
comércio livreiro, 154
Companheiros do Profeta, 72, 75
conhecimento (ilm), 27, 143, 151, 167, 179
Conselho Consultivo de Representantes, 73
Conselho Eleitoral, 75-76
conservação, 163
Copérnico, Nicolau, 150
coraixita, tribo, 41-42, 47-51, 53-62, 65, 68, 70
cosmos, 91, 149-150
crenças muçulmanas, 81-106
  a Shariah, 100-106
  a Suna, 94-100
  artigos de fé, 83-89, 106
  anjos, 85
  destino, 88-89
  Deus, 83-84
  livros de Deus, 85-86
  o Dia do Juízo, 87-88
  profetas de Deus, 86
  o Alcorão, 89-94
  ver também variedades de crenças muçulmanas
Crichton, Michael, 154
cristãos, 39, 62-63
cristianismo, 83
Cruzadas, 160

Davi, 86
13º guerreiro, O (filme), 154
Defoe, Daniel: *Robinson Crusoe*, 148
Délhi, 35
Deobandi, movimento, 35
desenvolvimento islâmico, 164-167
destino, 88-89
Deus
  crenças sufi de, 34
  cria a humanidade com um propósito, 82
  e o Dia do Juízo, 87-88
  experiência pessoal do divino, 26
  faz as revelações a Maomé, 25, 39
  livros de, 85-86
  natureza de, 23-24
  o mundo a ser moldado a Sua imagem, 27
  profetas de, 86
  quatro atributos básicos de, 84

sinais de, 26
submissão à Sua orientação, 25, 81-82
tawhid, 83, 142
unidade de, 23
Vontade Divina, 88, 101, 103, 105
Dia do Juízo, 83, 85, 87-88, 144
din (autodescrição do islã), 81, 89
direito de família hebraicomarroquino 179
direito familiar islâmico, 177
diversidade, 183
divórcio, 67, 177
"Doze Imãs", 33, 109

economia islâmica, 164, 167
educação, 152, 163, 183
Egito, 32, 72
Irmandade Muçulmana do, 36, 116, 140
marinha muçulmana do, 76
Eidul-Adha, 131
Eidul-Fitr, 131
escatologia, 88
Escolas de Pensamento, 33, 103
escolha, 28
Espanha, judeus expulsos da, 158
especulação, 166
Estados do Golfo, 163

"Estados islâmicos", 113, 115-116, 140
Estados muçulmanos
independência dos, 35-36
número de, 32
Estados Unidos (EUA), 113
ética religiosa, 91
Europa: problemas atuais do islã na, 159-161
Evangelhos, 85

fajr (oração do amanhecer), 120
falah (estado de bem-aventurança), 163, 165
fana (aniquilação do ego), 112
fard (parte obrigatória da oração), 121
Fátima (esposa de Ali), 77
fatwas (opinião), 110
Fé
sujeita a interpretação, 31
viver a própria, 30
fés monoteístas, 83
Fez, Universidade de, 152
filósofos, 146-148, 155
finanças, 164-165
fiqh (jurisprudência), 103
fitrah (a natureza primordial dos seres humanos), 82
flora e fauna, 27, 91
Fodio, Usman Dan, 114

Frente Indonésia dos Defensores do Islamismo, 173
Fundação Islâmica de Ecologia e Ciências Ambientais, Birmingham, 163
fundamentalismo, 113, 182
fundamentalistas radicais, 113-114
Fundo Monetário Internacional (FMI), 166

Gabriel (Jibril), arcanjo, 39, 51, 85
Ghadir Khumm, 108
globalização, 166, 181-182
golfo Pérsico, 157
Grande aiatolá, 33
gravidade, 151-152

Hadith
  a coleta dos ditos, 95-96
  daeef (fraco), 97
  e Ali como sucessor do Profeta, 107-108
  exame do texto, 96-97
  hasan (bom), 97
  os ditos autênticos do Profeta, 95
  os maiores compiladores, 98
  principal fonte da Suna, 99
  sahih (autêntico), 97
Hafiz, 112
Hagar (esposa do profeta Ibrahim), 128
hajj (peregrinação a Meca), 58, 61, 64, 94, 119, 125-130
hakims (médicos islâmicos), 160
halal, 133-137, 167
  carne, 134
Hanafi, escola de direito, 104
Hanbal, imã, 104
Hanbali, escola de direito, 104
haram, 133-137, 167
Haritha, 43
Harun al-Rashid, califa, 144-145
hégira (a Migração), 53-58, 70, 131
heliocêntrica, teoria, 150
hema (zonas invioláveis), 154-155
heram (zonas invioláveis), 154-155
hinduísmo: influência sobre os muçulmanos na Indonésia, 32
historiografia, 96
Hizb-e-Tahrir, 172
Hudaybiya, Acordo de, 58-61
humanidade: propósito da criação, 82
humanismo liberal, 183
Hussain (neto do profeta), 108-109

ibadah (devoção, adoração), 167

Ibahim, profeta, 129
ibn al-Haytham: *Livro da ótica*, 151-152
ibn al-Nadim: *Fihrist*, 154
ibn al-Shatir, 150
ibn Amr Suhayl, 59-60
Ibn Arabi, 34
ibn As, Amr, 75
ibn Battuta, 153
   Viagens de Ibn Battuta, 153
ibn Fadhlan: *Devoradores de mortos*, 153
ibn Jabal, Muadh, 101-102
ibn Khaldun, 156, 179
   Introdução à história, 152
ibn Rushd (Averróes), 147, 156
   A incoerência da incoerência, 147
Ibn Taymiyyah, 171
ibn Tufail, 147-148
   A vida de Hayy, 148
ibn Yunus, 150
idade de ouro do islã, 144, 171
idolatria, 47
igualdade, 26-29, 139, 180
ihram (estado de graça), 126-127
ihsan (ações corretas), 81-82
ijma (consenso), 102, 143
ijtihad (pensamento original sistemático), 102, 161-162

ilm, *ver* conhecimento
Imamato, 108
iman (fé), 82
imãs, 103, 108-110, 121
   femininas, 137
"imperialismo ocidental", 35
império muçulmano, 72, 76
Império Otomano, 157-159
impostos, 73, 124-125
Índia
   a Shariah, 176
   Barelvis, 35
   colonialismo, 160-161
   e globalização, 182
   escola Hanafi, 104
   estudo de al-Baruni, 153
   futuro da, 183-184
   movimento Deobandi, 35
   muçulmanos na, 32
   seita Qadyanis, 36-37
   Shah Waliullah, 114
   Tablighi Jammat, 35
Indonésia, 31
   a Shariah, 176
   colonialismo, 160
   islamismo descrito como "tolerante e liberal" na, 32
   nova intelectualidade islâmica, 179-182
   rede do islamismo liberal, 180-181
infanticídio feminino, 42
Inferno, 87-88

interesse público, *ver al-Istilah*
interesse, 164
Iqbal, Muhammad, 112
Irã
   como "Estado islâmico" moderno, 141
   escola Jafari, 104
   revolucionários islâmicos no, 36
   ver também Pérsia
Iraque
   Abu Bakr envia expedição ao, 72
   atrocidades dos sunitas contra os xiitas, 172
   escola Jafari, 104
   visitas de Maomé, 42
   Irmandade Muçulmana, 36, 115-116, 140, 171
Isaac, 86
Isfafil (anjo), 85
Isha (oração noturna) 121
Ishaq, Hunayn bin, 145
Islam Hadhari, 179
"islamismo formalizado", 181
islamismo/islã
   a essência da fé muçulmana, 25
   aplicação na atualidade, 163-169
   aplicação na história, 143-157
   apresentado como uma fé racionalmente satisfatória, 26
   ativismo político e social, 26
   como "caminho do meio", 117
   conceitos essenciais, 141-143
   demonização do, 159
   dividido em dois na Batalha de Karbala (680), 108-109
   em tumulto por séculos, 34
   enfatiza pensamento e educação, 175
   idade de ouro do, 144, 171
   início das reformas, 176-184
   insiste na distribuição da riqueza, 175
   movimentos reformistas, 34-36
   no século XXI, 181-184
   ocupa o "cinturão global central", 31
   origem do, 112
   otimismo no, 184
   papel central do conhecimento, 180
   pluralismo e diversidade, 116
   primeiros convertidos, 46-47

problemas na Europa, 158-159
significado do termo, 25, 81
sufis como uma divisão principal dentro do islamismo, 34
tudo aberto à interpretação crítica, 26
uma fé primordial, 29
ver também variedades de crença muçulmana
verdade religiosa no, 29-30
visão de mundo, 88-89, 140-142
Ismael, 86
Istambul, 158

Ja'far as-Sadiq, 104
Jacó, 86
Jafaar (filho de Abu Talib), 49-50
Jafari, escola de direito, 104
Jammat-e-Islami, 36, 115-116, 140, 172
jejum, 121-123
Jerusalém
  conquistada pelos muçulmanos (638), 75
  mesquita de, 52
  Omar chega a, 75
Jesus, 52, 85-86
Jibril, *ver* Gabriel
jihad (luta), 131-133, 137

João Batista (Yahya), 86
judaísmo, 83
judeus, 39, 54, 63, 158
  marroquinos, 179
jurisprudência islâmica, 33
justiça (adl), 26-27, 29, 72, 134, 137, 143, 149, 152, 167, 175, 180
juventude: como condutora de mudanças, 181

Karbala, Batalha de (680), 109
Khadija (primeira esposa do profeta), 42-46, 51, 66
khalifa *ver* califa
kharijitas/caridjitas, 78-80, 170, 173
Khayyam, Omar, 112
Khazraj, tribo, 52-53
Khizamat al-Hikmah (a "Biblioteca da Sabedoria"), 145
Khomeini, aiatolá, 110, 113
Kufa, Iraque, 77-78

lei/direito islâmico, 33, 35-36, 100-106, 113, 170, 180-181
  ver também Shariah
leis de herança, 149, 166, 179
Líbia, 114
livre-arbítrio, 28
livros de Deus, 85-86

Londres, homens-bomba suicidas, 170
Lot, 86

maghrib (oração do crepúsculo), 120
Mahdi, Imam, décimo segundo imã, 109-110
Malaki, escola de direito, 104
Malásia, 180
   Islam Hadhari, 179-180
Malik ibn Abas, 104
Malik, imã: *Muwatta*, 104
manufatura de papel, 154
Maomé, Profeta
   a Shahadah, 100-103
   a Shariah, 100-103
   a Suna, 94-100
   a vida de (a Seerah), 39-65, 91-92, 127
   a Migração (hégira), 53-58, 70, 131
   a Viagem Noturna e Ascensão, 51-53
   adota um filho, Zaid, 42-43
   as esposas do Profeta, 65-67
   casa-se com Khadija, 42
   Discurso de Despedida, 64
   Hudaybiya, Acordo de, 58-61
   molda o comportamento, pensamento e visão dos muçulmanos, 39-40
   morte (632), 64, 68-69
   nascimento e origem da família, 40-41
   o Profeta em Meca, 46-51
   Primeira Revelação, 44-46
   primórdios da vida, 41-42
   questão da violência, 65
   retorno a Meca, 61-63
   celebração de aniversário, 131
   como um Mensageiro, 27
   difamação europeia de, 159
   e os Qadyanis, 36-37
   e ummah, 169
   hadith 95-98
   nega capacidade de fazer milagres, 30
   "selo dos Profetas", 25, 86
   personalidade, 95
   recebe revelações de Deus, 25, 39
   seus principais discípulos, 68-70
   sobre mártires, 133
   visto como o exemplo ideal de comportamento e relacionamento humano, 25
mar Negro, 157
Maragha, observatório de, Azerbaidjão, 150

marinha muçulmana, 76
Marrocos, 31, 180-181
　transformações no, 176-177, 180-181
martírio, 133, 173
Marwah, morro de, Meca, 128
matemática, 149
materialismo secular, 35
Maududi, Abu ala, 115-116
Meca, Arábia Saudita, 39-43, 45-48, 50-53, 70
　a conquista de pelo Profeta, 61-65
　a Quibla, 55-56
　Caaba, 41, 51, 127-128
　hajj, 58, 61, 64, 94, 119, 125-130
　Mesquita Sagrada de, 51, 127-129
medicina, 150-151, 160
Medina, Arábia Saudita, 53-58, 61-62, 89, 92
meio ambiente, 27, 142, 154-155, 163
Mernissi, Fátima, 181
Mesquita Sagrada, Meca, 51, 127-129
milagres, 30
minorias muçulmanas, 32
misticismo, 34, 110-112, 114
Moisés, 45, 52, 85-86
monopólio, 166

monte Arafat, 64
monte Hira, caverna do, 44, 46
monte Uhad (batalha em 625), 57, 65
morte: como portal para a eternidade, 87
movimentos reformistas, 34-35
Muawiya, 77, 108
muçulmanos sunitas, 107
　constituem a maioria dos muçulmanos, 33
　e os quatro primeiros califas, 33, 67
　Escolas de Pensamento dos, 33, 103
　"o povo do caminho", 33
　rejeitam a ideia de um clero, 33
muçulmanos xiitas, 107-111
　atrocidades dos sunitas contra os xiitas no Iraque e no Paquistão, 172
　clero altamente organizado, 33
　crença na liderança espiritual hereditária, 108
　"Doze Imãs", 33, 109
　e os primeiros quatro califas, 67
　escolas de direito, 104, 109
　ismaelitas, 33-34
　muito concentrados no Irã e no Iraque, 33

Nahj al-Balagha, 77
seguidores de Ali, 33
seitas, 109-110
muçulmanos
  afirmação dos (Shahadah), 23
  destinados a seguir a orientação do Alcorão, 25
  diversidade de, 31-32
  fracasso em entrar de acordo com a modernidade, 176
  fracasso em viver à altura dos ideais e aspirações do islamismo, 175
  moderados, 116-117
  número de, 32
  o que aconteceu aos muçulmanos na história, 157-160
  por que um muçulmano é muçulmano?, 29-30
  significado do termo, 40
  submissão à orientação de Deus, 25
  sunitas e xiitas, 33-34
mudarabah (partilha de lucros), 167
Muhajarun (os Emigrantes), 54
mulheres
  banimento de maratonas mistas no Paquistão, 173
  como condutoras de mudanças, 181
  e a polícia religiosa na Arábia Saudita, 173
  e direito familiar islâmico (Marrocos), 176-177
  e o direito Shariah, 140
  e o véu, 136-137
  e seus direitos, 105-106, 177
  eruditas, 181
  idade permitida para o casamento em Marrocos, 177
Muna, vale de, Meca, 129
murabaha (venda com uma especial margem de lucro), 164
Murad III, sultão, 158
Muslim, imã: *Sahih Muslim*, 98
mutazalitas, 155
Muttalib, Abdul (o avô do Profeta), 41
Muzfdalifah, Arábia Saudita, 130

Nahj al-Balagha, 77
Najaf, 78
Nasser, Jamal Abdel, 115
natureza, leis da, 26, 30-31
negus, 48-49
negus, rei, 48-49
neokharijitas, 171-173

Newton, Sir Isaac, 152
Nigéria, 151
Noé, 86

obscurantismo, 34
Omar bin Abdul Aziz, califa, 143-144
Omar ibn Khattab, segundo califa do islamismo, 68-75, 137
omíada, dinastia, 108, 144
onze de setembro, seqüestradores nos EUA, 170
opiniões jurídicas, 103-106
óptica, 151
orações, 94, 110-111, 119-121, 126-130, 149
  segregadas, 137
orientalismo, 159-161
Oriente Médio, 116
Osman bin Affan, terceiro califa do islã, 47, 70, 72, 76-77, 137

Palestina, 72
Paquistão
  atrocidades de sunitas contra xiitas, 172
  banimento de maratonas mistas, 173
  direito Shariah no, 139-140
  e globalização, 182
  escola Hanafi, 104
  Jamaat-e-Islami, 32, 140, 172
  muçulmanos no, 32

paraíso, 87-88, 133, 173
"paralelo de Tusi", 150
parceria, 83
paz, 25, 81, 137, 139
pecado original: rejeição do conceito, 28
pecado, 79, 83, 175
pena de morte, 140
pensão [alimentícia], 178
Pérsia, 73
  poesia persa, 112
pilares do islamismo, 119, 137
Platão, 86, 147
pluralismo, 183
poligamia, 65-66, 178
profetas, 24-25, 65, 86
puritanos, 113-117

Qadyanis, seita, 36-37
Qatar, Hanbali, escola, 104
Qibla (a direção da prece), 55-56
qiyas (dedução analógica), 102
Qutb, Syed, 64-5, *Milestones*, 115-116, 171
raciocínio interdependente, *ver* ijtihad

Rahman, Aisha Abdul, 181
Rama, 86
Ramadã, 56, 119, 121-123, 131
reforma pan-islâmica, 115

reformistas, 113-117
refugiados políticos, 168
representante, 142, 149, 154-155, 165, 167
responsabilidade moral, 28
Rumi, Jahal-al-Din: *Mathnavi*, 112

sadaqah (doação de caridade), 124
Sadi, 112
Safa, morro, Meca, 128
salafismo, 35
salah (oração diária obrigatória), 119-120
Salama, Umm, 111
Salomão, 86
salvação, 28-29, 81
Samarcanda, Universidade de, 152
Sanusi, movimento, 152
sarracenos, 159
Sawdah (segunda esposa do Profeta), 66
Sayyid Bad Allah, Muhammad ibn (o Mahdi), 114
Senegal, 31
7 de julho, homens-bomba em Londres, 170
Shafi'i, escola legal, 104
Shafi'i, imã, 104
Shahadah, 29, 31
  afirmação muçulmana de fé, 23
  como essência da fé muçulmana, 25
  e o Alcorão, 25
  forte ideal de igualdade humana, 26-27
  "Maomé é o Profeta de Alá", 23-24
  "Não há divindade além de Deus", 23
  promove uma visão positiva da vida, 27
Shariah, 100-106, 146, 155, 162
  adoção na era moderna, 105-106
  al-Istislah, 103
  al-Istihsan, 103
  al-Urf, 103
  dita como oriunda do Alcorão e da Suna, 100
  dois métodos de "conhecê-la", 101
  fiqh, 103
  ijma, 102
  institucionalização da, 139-140
  natureza da, 100-101
  opiniões jurídicas, 104-106
  qiya, 102
  raciocínio independente (ijtihad), 101-102
  reformulação da, 176-180, 184

ver também direito islâmico
vista como imutável, 105, 176
shura (consulta), 143
Siffin, Batalha de (657), 77
Síria,
   Abu Bakr envia expedições à, 72
   Maomé visita, 42
   marinha muçulmana da, 76
sociedade cívica, 89, 92
sociedade
   capacidade de avançar e adquirir conhecimento na, 27
   e ética religiosa, 91
sociologia, 152, 179
Socoto, califado, 114-115
Somália, 31
   circuncisão feminina na, 32
submissão, 26, 81-82
Sudão
   como "Estado islâmico" moderno, 141
   direito Shariah no, 105
   Irmandade Muçulmana, 36,
   o Mahdi, 114
Sudeste Asiático: escola Shafi'i, 104
sufi/sufismo, 107, 110-112, 155
   como estímulo à poesia e literatura, 112
   crenças, 34
   e novos convertidos ao islamismo, 34
   fana, 112
   grandes místicos sufi, 111
   origem do, 111
   seitas, 34
   viagem do, 110
Suleiman I, sultão, 157
Suna, 51-100, 121, 141
   e a Shariah, 100-102
   hadith, 95-97
   o que o Profeta disse, 94-96
   o que o Profeta fez, 94-96
   seguidora dos ditos do Profeta, 99
sunnah (parte individual da oração), 33

Ta'iziyyah (dramatizações do martírio xiita), 109
Tablighi Jamaat, 35
Taif, 50
Taqi al-Din, 158
taqlid (imitação), 161
tariqas, (seita sufi), 34
tawhid (afirmação da unidade de Deus), 83, 141-142, 147, 167
tazkiyyah (evolução espiritual), 165
tecnologia, 166
terrorismo, 170-173
   kharijitas, 171

o islamismo dos terroristas, 170-171
pensamento neokharijita, 172-173
Thabit ibn Qurrah, 145
Torá, 85
Tunísia, 160
Turquia, 31, 160
   escola Hanafi da, 104
   dervixes giradores, 34

Ulamás (eruditos religiosos), 162
ummah (comunidade de fiéis muçulmanos), 169
Undu, poesia, 112
União Europeia, muçulmanos na, 32
universidades, 152
universo material, 26
Uranienborg, observatório na ilha de Hven, 158
usura, 135, 166

variedades de crença muçulmana, 107-117
   puritanos e reformistas, 113-117
   sufis, 110-112
   xiitas, 107-110
verdade religiosa, 30
verdade, 27
véu, o, 136-137
Viagem Noturna d Profeta, 51-52

viagem, 153-154
vida eterna, 87-89
Viena: otomanos expulsos de (1683), 158
Vilat-e-faqih (sombra do imã perdido), 110
Violência, 65, 79, 170-173
Vontade Divina, 88, 103, 105

Wadud, amina, 181
Wahhab, Muhammad ibn Abdul, 113, 171
wahhabismo, 113-114, 171
Waliullah, Shah, 114
Waraqa (primo de Khadija), 45-46

xiitas ismaelitas, 33, 110

Yahya (João Batista), 86
Yathrib (posteriormente Medina), 52, 89
Yazid (filho de Mu'awiya), 108

Zaid ("o filho de Maomé"), 42-43, 47, 67
zakat (imposto para os pobres), 56, 72, 101, 124-125, 166
zaydis, xiitas, 110
Zaynab (uma das esposas do Profeta), 66
zikr (oração), 111
zonas invioláveis, 154-155, 163
zuhr (oração do início da tarde), 120

*O texto deste livro foi composto em Sabon,
desenho tipográfico de Jan Tschichold de 1964
baseado nos estudos de Claude Garamond e
Jacques Sabon no século XVI, em corpo 11/16.
Para títulos e destaques, foi utilizada a tipografia
Frutiger, desenhada por Adrian Frutiger em 1975.*

*A impressão se deu sobre papel off-white 80g/m²
pelo Sistema Cameron da Divisão Gráfica
da Distribuidora Record.*